Ascenso Continuo: Serie de Resurreción

EL ÚLTIMO ADÁN

L. Emerson Ferrell

Voice of The Light Ministries

Ascenso Continuo: Serie de Resurrección El Último Adán

Editor:	Ana Méndez Ferrell
Traducción:	Flor Reyes
Diseño de la portada:	Leonel Jordan *Jordan River Publishing*
Editorial:	Ministerios Voz de la Luz P.O. Box 3418 Ponte Vedra, Florida 32004 www.vozdelaluz.com

ISBN: 978-1-933163-77-2

Este libro y cualquier otro así como los productos del Ministerio la Voz de la Luz están disponibles en librerías Cristianas y distribuidores alrededor del mundo. Para ubicar en Estados Unidos la librería más cercana o para más información de distribuidores foráneos, contactar a Jordan River Publishing al +1(305)778-2021 o a la página de internet: www.riojordan.com

ÍNDICE

ASCENSO CONTINUO
SERIE DE RESURRECCIÓN

Mi vida cambió dramáticamente cuando confronté lo que creía con la razón por la cual lo creía. Esto comenzó una viaje en mi vida que está avanzando constantemente o, como el título de esta serie dice: en ascenso continuo.

Mi viaje empezó cuando el Espíritu Santo me explicó la conversación entre Cristo y María después de Su resurrección.

Jesús le dijo: «Mujer, ¿por qué lloras? ¿A quién buscas?» Ella, pensando que era el hortelano, le dijo:

«Señor, si tú te lo has llevado, dime dónde lo has puesto, y yo me lo llevaré.»

Jesús le dijo: «¡María!» Entonces ella se volvió y le dijo en hebreo: «¡Raboni!» (que quiere decir, «Maestro»).

Jesús le dijo: «No me toques, porque aún no he subido a donde está mi Padre; pero ve a donde están mis hermanos, y diles de mi parte que subo a mi Padre y Padre de ustedes, a mi Dios y Dios de ustedes.»

Juan 20:15-17

Jesús sabía la respuesta a cada pregunta que Él hacía. Sin embargo, a causa de su gran amor por la gente, Él los exponía a sus más grandes miedos haciéndoles las preguntas que más temían enfrentar.

Las dos preguntas que Jesús hace a María son obvias para Él, pero para ella son muy dolorosas. "¿Por qué lloras? y ¿A quién buscas?" Desafortunadamente, la reacción de María muestra la condición de la iglesia hoy en día. Ella estaba llorando porque pensaba que Él estaba muerto y había ido a ungir un cadáver con las especias que había preparado.

Lo último que alguien debería hacer es llorar, María tendría que haber estado llena de gozo porque Aquél que había de venir, vino, e hizo lo que había sido profetizado en el libro de Génesis. La verdad es que ninguno de Sus seguidores creyeron en lo que el Cristo resucitado había cumplido. Ellos estaban viviendo el tiempo más trascendente en toda la historia pero, sin entendimiento espiritual, podría haber parecido como el fin del mundo.

La segunda pregunta que Jesús le hace a María es tan relevante en la actualidad como lo fue en su tiempo: ¿a quién buscas? Lamentablemente hoy, como en aquellos días, la gente no sabe realmente "a quién está buscando", porque la religión nos ha enseñado imágenes e historias que no describen al Cristo resucitado. Los líderes Judíos esperaban que Jesús se sometiera a su entendimiento, el cual no tenía ni la naturaleza ni la espiritualidad de Dios. Todas las religiones están formadas y dependen de su propio entendimiento y no el del Espíritu.

¿Es usted como María? ¿Se encuentra en la misma situación? Si es así, lo animo a leer estos libros con un corazón abierto y a tener el valor y la fe para creer que el Espíritu Santo removerá todo obstáculo de su mente que le impide ver a Cristo levantado en toda Su gloria.

Jesús le dijo a María que no lo tocara porque Él sabía, por su respuesta, que ella no lo reconocía como el Cristo resucitado. Jesús cumplió Su destino como el Cordero de Dios y resucitó como nuestro Real Sumo Sacerdote de la orden de Melquisedec. A menos que experimentemos un renacer espiritual, será imposible entender la autoridad y la majestad de esa Orden Sacerdotal.

Estos libros ofrecen un enfoque bíblico y fresco de la obra consumada de Cristo en una forma viva y poderosa que cambiará su futuro y el de las siguientes generaciones. Prepárese para que le animen, inspiren y provoquen a ir a mayores dimensiones en Él. Usted será desafiado a escudriñar los fundamentos de su Cristiandad. Por ejemplo, hágase esta pregunta: ¿Mi creencia y/o mi relación con Cristo son el resultado de una revelación propia o la de otras personas?

Cada uno de los libros de esta Serie de Resurrección está escrito con base en experiencias profundas con el Espíritu de Verdad. Están hechos para aquéllos que tengan el valor de invitar al Espíritu Santo a corregir, a inspirar y a cambiar su pensamiento actual ¿Es usted uno de ellos?.

Usted tiene lo que se necesita para romper las tradiciones y el pensamiento equivocado y para escuchar al Espíritu Santo de una manera directa y consistente. El día que esto suceda no se detendrá nunca y ese río de agua viva brotará a raudales de usted con revelaciones cada vez mayores de Cristo.

Introducción

¿Alguna vez ha tenido la experiencia de despertarse de un sueño profundo y por un instante no saber dónde está? Y de repente, los siguientes minutos los utiliza desesperadamente tratando de ubicarse y asegurarse de que no está loco. Suponga que esa impotencia es su primer paso para descubrir el poder que usted tiene sobre el temor y la muerte.

El *último Adán* es más que el título de este libro, es la descripción del Cristo resucitado y Su obra consumada.

La historia de amor entre Dios y el hombre es tan espectacular y completa que después de leer este libro, usted se volverá a enamorar de Jesús otra vez.

El primer Adán fue quizá el espécimen más grandioso que haya sido creado porque así lo requería la autoridad y el propósito que el tendría sobre la Tierra. Él fue puesto en el Jardín del Edén como el mayordomo de las dimensiones, tanto espiritual como física del planeta. Su falla fue catastrófica porque el virus del pecado y de la muerte entró en la Tierra, y ha sido perpetuado a través de la sangre a todas las generaciones hasta el día de hoy.

No obstante, lo que parecía la conquista triunfante de satanás en la cruz, se convirtió en su destrucción completa y final. La cruz y la resurrección fueron sólo el comienzo del regreso majestuoso al Jardín del Edén, cuyo nombre ha sido cambiado por el Reino de Dios a causa de la obra consumada de Cristo, *último Adán*

Así también está escrito: El primer hombre, Adán, fue hecho alma viviente. El último Adán, espíritu que da vida.

1 Corintios 15:45 (LBLA)

Para que usted pueda ver y entender este Reino, es necesario que nazca de nuevo. Este nuevo nacimiento es el que se describe con claridad y compasión en este libro, puesto que todos, de alguna manera, hemos sido instruidos en forma equivocada a este respecto.

Entender la salvación, que es el principio y no el fin de las promesas de Dios, es el propósito crucial de esta obra. Usted descubrirá que el poder del nuevo nacimiento es accesible y de suma importancia para todo aquél que quiera tener una revelación siempre en ascenso con Cristo.

La experiencia que Jesús describe a Nicodemo sólo puede ocurrir a través de una inmersión en Cristo, quién es el Agua y el Espíritu. Ese nacimiento le hará recordar esos momentos en los que usted ha sentido que está entrando a un terreno desconocido. Pero al entrar en esta experiencia nunca querrá que se vaya. El gozo y la paz de saber algo sin haberlo aprendido, es la dimensión de Cristo que cambiará la manera en la que usted piensa. Este lugar es el Reino de Dios y este libro abrirá sus ojos espirituales a su realidad y ubicación.

Capítulo 1
La Sangre de Adán

La sangre en nuestras venas no sólo nos mantiene vivos, sino que además provine del Cielo. Esto es una declaración audaz, a menos que usted entienda la complejidad de este líquido maravilloso que es tanto el origen de la vida como la substancia que la sostiene. Aún y cuando la ciencia pudiera sintetizar la sangre, no podría reproducir la vida. Esta sangre prefabricada por el hombre sólo transportaría oxígeno a las células por un tiempo limitado.

El primer Adán fue creado con la sangre de Dios. El segundo Adán nació con ella porque Su madre concibió del Cielo.

El pecado, sin embargo, es un virus espiritual que corrompe la sangre del hombre; nos separa de Dios y también destruye nuestro cuerpo y nuestra alma. Por lo tanto, Dios determinó que la sangre de Jesús sería la única restitución aceptable por el pecado y sería requerida para la redención de la humanidad.

La sangre no sólo es la fuente de la vida, sino que también transmite nuestros pensamientos y creatividad a través de nuestra línea de sangre o línea generacional. La sangre de Adán era tan pura, que él pudo haber vivido para siempre y controlar todos sus pensamientos. Creo que él fue creado con mayor poder mental que cualquier computadora que el hombre pudiera crear hoy en día.

Imagine despertar cada mañana libre de temor, dolor, ansiedad o pensamientos tormentosos. Para la mayoría de la gente esto sería demasiado bueno para ser verdad. Ciertamente, Adán experimentó esa clase de libertad en el Jardín del Edén. La belleza y el esplendor del planeta durante ese tiempo era literalmente el Cielo en la Tierra. Los aromas y los sonidos de la naturaleza estaban en armonía con el hombre y su Creador.

Un ejemplo de esto se encuentra en el libro del Génesis cuando Dios separó la luz, de la noche y las tinieblas. Los días en la tierra fueron separados en tardes y mañanas, no en mañanas y noches ya que estas últimas son tinieblas.

Dios caminaba con el hombre en lo fresco de la tarde, pero el pecado entró y separó al hombre tan lejos de Dios que dio entrada a la oscuridad. Ésta fue tanto espiritual como física y es así que la noche vuelve a entrar en existencia.

La Sangre Perfecta

El libro del Génesis describe la manera en que el primer Adán fue creado, así como su propósito.

Entonces dijo Dios: «¡Hagamos al hombre a nuestra imagen y semejanza! ¡Que domine en toda la tierra sobre los peces del mar, sobre las aves de los cielos y las bestias, y sobre todo animal que repta sobre la tierra!»

Génesis 1:26

Las palabras "imagen" y "semejanza" son utilizadas para recordar al hombre Su origen y Su naturaleza. La palabra semejanza es usada en la epístola a los Romanos en la cual se explica su poder.

Porque si hemos sido unidos a Él en la semejanza de Su muerte, ciertamente lo seremos también en la semejanza de Su resurrección,

Romanos 6:5

15

Cristo, el *último Adán* es el Espíritu dador de vida o Espíritu vivificador, porque Él lleva la sangre de Su Padre. El versículo en la carta a los Romanos describe el proceso para recibir esa transfusión poderosa, y es por medio el nuevo nacimiento la única manera en que puede ocurrir. Jesús es la fuente y el modelo para esa transición.

El primer Adán estaba rodeado de gloria y fue diseñado para gobernar tanto la dimensión física como la espiritual. Él hablaba y caminaba con Dios diariamente y el tiempo era irrelevante, porque la muerte no era ni una palabra ni una realidad en la Tierra.

El primer Adán dominaba el universo físico porque su espíritu estaba conectado con su Padre. Esto mismo puede ser verdad hoy en día con nuestros cuerpos físicos una vez que nuestro espíritu se haya reconectado con el Espíritu de Dios.

La importancia de entender la autoridad y el poder del primer Adán revelará los efectos devastadores del pecado y dará énfasis a lo que la obra consumada de Cristo devolvió a aquéllos que son "nacidos en Él".

El primer Adán fue el espécimen magnífico de la humanidad creada por Dios y puesto en Su reino llamado el Jardín del Edén. Su capacidad mental y física era ilimitada, siempre y cuando estuviera conectada al Espíritu de Dios.

El alma es el aparato espiritual creado como puente entre nuestro ser físico y el espiritual.

Además es la morada de nuestros centros mentales y emocionales, y fue originalmente diseñada para someterse al espíritu del hombre. El pecado, sin embargo rompió esa conexión, lo que dio como resultado que el hombre se volviera un ser centrado en sí mismo.

Dicho de una forma sencilla: usted es un espíritu que tiene un alma y que vive en un cuerpo. Antes de que el pecado apareciera, el hombre vivía en armonía con el mundo material y espiritual.

Recuerdo haber aprendido lecciones valiosas con un grupo de creyentes que se hacían llamar "el movimiento de la palabra de fe". Cualquier persona que conoce la Biblia entiende el poder de la fe y de la palabra escrita. En aquel entonces escuché testimonios asombrosos de aquéllos que recibían milagros en forma de sanidades y liberaciones.

Mi asociación con ese grupo me llevó a hablar de una manera diferente con relación a mis circunstancias; por ejemplo, ya no hablaba de dolor, malestar o enfermedad. Me habían enseñado a citar la escritura de la carta a los Romanos que, parafraseando, dice: llamando a las cosas que no son como si fuesen. Esa declaración me hizo tomar conciencia de cuan corrompidos estaban mi linaje y mentalidad desde mi nacimiento.

La mayor lección que aprendí, es que el confesar la escritura puede cambiar las circunstancias, pero solamente el nacer de nuevo puede cambiar las formas de pensar y la esencia de mi ser.

El Poder de los Nombres

Adán fue creado con tal poder que su voz tenía una frecuencia de fe que provocaba que el mundo material reaccionara a ella. El poder en su voz y las palabras que hablaba le dieron a los animales tanto su carácter como su propósito. El habló a cada criatura que estaba observando y al instante sus atributos fueron transmitidos del mundo invisible al físico. El mundo material le perteneció al reproducirlo a partir de imágenes provenientes de su perfecto corazón, mente y voz.

Adán dio nombre a todos los animales de la Tierra incluyendo a la serpiente que engañó a Eva. Alguna vez se ha preguntado: ¿por qué satanás escogió a esta criatura para engañar al hombre? Quizá él esperó a que Adán le diera nombre para tomar esa decisión, porque sabía que la palabra serpiente significa perspicaz o astuto. También sabía que todos los animales a los cuales Adán les dio nombre antes que a la serpiente adoptaban el comportamiento de sus nombres.

De alguna manera Adán fue creador junto con Dios al reproducir en la Tierra lo que había en el Cielo. Esto fue una tarea monumental, pero Dios lo había creado física, mental y espiritualmente con la capacidad de llevarla a cabo. La tragedia fue que el pecado pervirtió al alma del hombre y su corazón fue capturado por el mal y no por el bien, al comer del árbol del conocimiento del bien y el mal.

El asignar un nombre a una condición o situación, le da vida al carácter o naturaleza de dicho nombre. Esto es especialmente evidente cuando un médico le diagnostica una enfermedad a alguien. El diagnóstico no tiene vida si la persona no lo cree.

»El Señor oyó la voz de sus palabras, cuando ustedes me hablaban, y me dijo: "Ya he oído la voz de este pueblo, y las palabras que ellos te han dicho. Y todo lo que han dicho está bien.

¡Cómo quisiera yo que tuvieran tal corazón, que me temieran y cumplieran siempre todos mis mandamientos, para que a ellos y a sus hijos les fuera siempre bien!

Deuteronomio 5:28-29

Esta escritura en Deuteronomio demuestra la diferencia entre hablar desde el alma o desde el corazón. Dios sabe que la frecuencia del corazón es diferente a la de la mente.

Cuando el corazón del hombre está conectado al Espíritu de Dios, de la manera en la que Adán lo estaba cuando fue creado, entonces tiene el poder para alterar el mundo físico. Las palabras de Adán tenían una resonancia y una frecuencia llamada fe. Vale la pena repetir esto: el primer Adán le creía a Dios y su voz vibraba con la resonancia de fe capaz de cambiar las estructuras moleculares del mundo material. Esta es la misma forma en la cual Dios creó el universo.

La fe Bíblica es diferente a la fe que usamos cada día. Por ejemplo, la mayoría de la gente cree que los objetos en forma de silla soportarán su peso si se sientan en ellos. La misma clase de confianza le tenemos a la gente cuyas opiniones creemos, tales como los médicos.

Si un doctor diagnostica un cáncer, la mente de esa persona, contaminada por el pecado pensará en la muerte y será llena de temor. En realidad, todo lo que el médico tuvo que hacer es decirle al paciente que tenía cáncer. La mente de esa persona recibe la información de la misma manera que la tierra recibe una semilla; en este caso, el temor es la semilla que finalmente destruirá a cualquiera que la reciba.

El cáncer sólo es un nombre hasta que le damos vida con nuestra creencia. La forma de vida que llevamos está determinada por lo que creemos. Recuerde que Adán tenía dominio sobre todo aquello a lo que él le dio nombre. Este poder lo perdió con el pecado. Pero el hombre cree que si nombra una enfermedad o algún otro problema tendrá superioridad sobre esa condición. Esto es diferente a controlarlo o cambiarlo. Usted sólo puede controlar y cambiar aquello sobre lo cual tiene dominio. El pecado, la enfermedad y los males son el fruto de las mentiras y el engaño. Ellos fueron originados en satanás y pasaron a las generaciones del primer Adán a través del pecado.

El temor es la esencia de satanás y el creer sus mentira es lo que le da poder para robar, matar y destruir. La Biblia dice que él es el padre de mentira y por lo tanto se reproducirá conforme a su especie.

La Fe es la esencia de Dios y produce el fruto de Su Espíritu, el cual es principalmente fe, dominio y abundancia. Si usted confía en Él, vivirá; si su confianza está minada por el temor, entonces morirá.

La verdad es que antes que la gente vaya al médico, responden a las voces del temor en sus cuerpos identificados como "síntomas".
El temor es la razón por la cual la gente va al médico, en primer lugar, y una vez que la puerta se ha abierto, generalmente se necesita un milagro para cerrarla.

Líneas de sangre corrompidas

Vemos la obra maestra de Dios en la manera en que creó al primer Adán. El hombre sin límites en su cuerpo, alma y espíritu teniendo el poder de gobernar sobre la creación. Su imaginación y su poder para concebir y crear no tenían límites. Todo esto estaba codificado en su ADN para ser transmitido a sus generaciones, pero el pecado entró en escena. El resultado inmediato fue el asesinato de Abel en manos de Caín lo cual produjo un derramamiento de sangre que no se ha detenido.

La descendencia de Adán fue dotada con una conciencia e imaginación tan poderosas como las que él tenía; pero a causa del pecado estos dones gloriosos habían pasado a las manos equivocadas, siendo manipulados por el espíritu erróneo. La perversión producida por la caída fue tan siniestra que influenció aún a los ángeles.

El libro de Génesis menciona que los "hijos de Dios" cometieron pecados sexuales con las mujeres de la Tierra. Algunos creen que esto se refiere a los ángeles, pero lo que me parece importante fue el resultado de esas relaciones: Dios tuvo que destruir y borrar la vida en la tierra completamente con el diluvio a causa de la raza de gigantes producidos por ese pecado. Noé y su familia fueron los únicos que sobrevivieron siendo la sangre de ellos la del primer Adán.

La conciencia del pecado es transmitida a través de nuestra línea de sangre afectando todo, incluso nuestros pensamientos y creencias. Por consiguiente el pecado se transmitió a las generaciones de Noé aún y cuando el diluvio destruyó toda la vida natural.

La sangre y el ADN del primer Adán eran de Dios y portaban tanto poder y vida que muchos de sus descendientes vivieron más de 700 años. Luego, Dios dijo a Noé que los pensamientos del hombre eran malos desde su nacimiento y eso lo forzó a recortar el promedio de vida del hombre a 120 años.

Como consecuencia el hombre tiene un tiempo limitado para tener una experiencia con Cristo y descubrir la verdad y el poder del *último Adán*. Los siguientes versículos indican la condición caída del hombre después del primer Adán y la única solución posible a través de Cristo.

Y el Señor dijo: «No va a estar mi espíritu peleando siempre con el hombre, pues él no es más que carne. Vivirá hasta ciento veinte años.»

Génesis 6:3

El Señor vio que era mucha la maldad de los hombres en la tierra, y que todos los planes y pensamientos de su corazón eran siempre los de hacer sólo el mal.

Génesis 6:5

Porque así como en Adán (por su unión con él) todos mueren, así también en Cristo (por la virtud de su unión con Él) todos serán vivificados

1 Corintios 15:22 (AMP)

Aquéllos que permanecen "en Adán" están muertos espiritualmente porque no se sujetan al Espíritu de Dios. El hombre caído viene de Adán, lo que significa que sus fundamentos o sus creencias y decisiones son hechas desde su alma corrompida por el pecado. El alma es donde nuestra mente determina a quién o qué creer. El primer Adán escogió creer a la criatura en lugar de al Creador, y ésta es la razón por la cual perdió su autoridad espiritual y el acceso a Dios.

Un hombre es redimido o condenado por su sangre la cual sustenta su vida física y su destino espiritual, o tenemos la sangre de Adán o la de Jesucristo.

Y es que la vida de todo ser está en la sangre.
Yo les he dado a ustedes la sangre para que sobre
el altar se haga expiación por ustedes. Por medio
de la sangre misma se hace expiación por ustedes.

Levítico 17:11

Nuestra sangre crea y nutre nuestras células con la energía o poder electromagnético para atraer ya sea el Cielo o el infierno a nuestros pensamientos. Es a partir de estos pensamientos que elegimos nuestro destino y el curso de nuestra vida, ya sea como hijos del primero o del *último Adán*.

El Espíritu Dador de Vida

Así también está escrito: El primer hombre, Adán, fue hecho alma viviente. **El último Adán, espíritu que da vida.**

1 Corintios 15:45 (LBLA)

La línea de sangre de Adán ya no podía ser usada para reproducir hijos de Dios, pero el Padre tenía un plan desde antes de la fundación del mundo por medio del cual redimiría a su creación y completaría Su obra. Jesús, el *último Adán*, llevó y derramó Su sangre para la salvación de la humanidad. Su sangre volvió a abrir la puerta a Su Reino en la tierra.

El *último Adán*, Cristo Jesús, restauró la relación de la humanidad con Su Padre a través de Su sangre la cual era la de Dios.

La sangre de Jesús es tan poderosa que todo aquel que clame a Su nombre, será salvo. Su sacrificio fue suficiente para salvar a todo ser humano de la separación eterna de Dios.

Porque no hay diferencia entre el que es Judío y el que no lo es, pues el mismo que es Señor de todos, es rico para con todos los que lo invocan, porque "todo el que invoque el nombre del Señor será salvo".

Romanos 10:12 -13

Aunque la salvación libra al alma del hombre de la separación eterna de Dios, no altera su deseo por preferir las tinieblas a la luz. Hemos encontrado creyentes que han hecho la "oración del pecador" pero que siguen adictos a la pornografía, a la fornicación y otras perversiones.

El corazón no puede convertirse sino hasta que reciba una transfusión de sangre del Espíritu dador de vida y esto sólo se alcanza a través de nacer de nuevo en el Espíritu de Cristo.

Todas las cosas *fueron hechas por medio de Él, y sin Él nada de lo que ha sido hecho, fue hecho.* **En Él estaba la vida, y la vida era la luz de los hombres.**

Juan 1:3-4 (LBLA)

Este versículo hace la diferencia entre "las cosas" y "la Vida" que es la luz. El mundo material se compone de cosas. Jesús les dijo a sus discípulos, en el libro de Mateo, que Dios sabe que necesitamos "cosas", pero éstas vendrán a quienes busquen primero el Reino de Dios. Aprenderemos más adelante que Jesús es el Reino de Dios. La sangre que Jesús llevaba era luz y vida y Su sacrificio en la cruz fue mucho más que salvación, fue y es la puerta a la realidad de la vida espiritual como el *último Adán*.

Y este es el juicio: que la luz vino al mundo, y los hombres amaron más las tinieblas que la luz, pues sus acciones eran malas. **Porque todo el que hace lo malo odia la luz,** *y no viene a la luz para que sus acciones no sean expuestas. Pero el que practica la verdad viene a la luz, para que sus acciones sean manifestadas que han sido hechas en Dios.*

Juan 3:19–21 (LBLA

Las escrituras arriba mencionadas hablan grandemente acerca del poder de la sangre para atraer ya sea tinieblas o luz. Todos nacimos con la sangre natural y la conexión espiritual al primer Adán.

Ese linaje atrae al hombre hacia las tinieblas y lo aleja de la luz y, a menos que haya un despertar espiritual producido por la unión con el *último Adán*, el ser humano morirá en las mismas tinieblas a las que fue atraído.

*Jesús le dijo: «Sígueme, y deja que los muertos
entierren a sus muertos.»*

Mateo 8:22

*Pero Jesús le dijo: «Deja que los muertos entierren a sus
muertos. Tú, ve y anuncia el reino de Dios.»*

Lucas 9:60

Estos versículos ilustran en términos audaces lo que la mayoría de los creyentes olvidan, y es el hecho que el hombre es un ser espiritual. Su diseño es como el que tuvo el primer Adán y es el de gobernar con Dios y tener dominio sobre el universo material.

Dios dio la solución espiritual para el pecado, pero cada persona es responsable de entrar en el Reino.

La verdadera lucha se lleva a cabo porque el hombre piensa y cree erróneamente que la salvación y el entrar en el Reino de Dios es lo mismo. La realidad es que no lo son; de hecho son muy diferentes. El hombre debe experimentar un nuevo nacimiento para entrar en el Reino de Dios.

*Desde los días de Juan el Bautista hasta ahora, el reino de
los cielos sufre violencia, y los violentos lo arrebatan.*

Mateo 11:12

27

La violencia que menciona Jesús, se refiere a los pensamientos y las estructuras de la mente. Antes que Adán comiera del árbol del "conocimiento", su mente era pura, inocente y sin mácula. Él le creía a Dios y vivía sin ningún deseo o angustia. La decisión de Adán de desobedecer fue más que sólo una acción, ésta desató un "tsunami" de emociones, sensaciones, pensamientos y actitudes que eran le desconocidas y algunas hasta estimulantes.

Era semejante a unos niños maravillados en un bosque de dulces y pasteles sin ninguna restricción o límite en lo que pudieran comer. Estos niños la pasarían bien por un tiempo, pero las consecuencias serían catastróficas. El exceso de esa comida los destruiría junto con sus futuras generaciones, a menos que hubiera algún tipo de intervención.

Dios entendía que el conocimiento de cómo opera el mundo físico, sin sabiduría espiritual, destruiría al hombre. Pero la justicia exige que Dios le de la libertad de elegir a quienes Él creó.

Si no entendemos al hombre, la criatura sorprendente que Dios hizo, nunca comprenderemos el efecto catastrófico del pecado. El propósito de este libro es exponer al lector el diseño perfecto creado por Él desde antes de la fundación del mundo. Éste incluye la salvación o reconciliación, y el nuevo nacimiento espiritual, que coloca al hombre en la posición original del primer Adán.

La sangre con la cual todos nacemos proviene del primer Adán, y es la fuente tanto de la vida natural como de la muerte espiritual porque contiene el virus espiritual del pecado. El primer Adán demostró el poder de esa sangre de muchas maneras. Un ejemplo de ello es el haber dado nombre a los animales y ser progenitor de generaciones que vivieron cientos de años. Antes de que el pecado existiera, las capacidades del hombre eran ilimitadas, tanto en la dimensión física como en la espiritual.

Dios creó un hijo a Su imagen y a Su semejanza con todas las facultades para gobernar a Su lado. El pecado entró, y por consiguiente rompió la conexión del hombre con Dios. Sin embargo, el plan mas grandioso de todos los tiempos proveyó a Jesús como el Cordero sin mancha para reconciliar al hombre con su Creador. Dios creó al hombre con libre albedrío a causa de Su justicia. El hecho de que el hombre eligiera pecar, no fue una sorpresa para Él, pues el plan fue hecho desde antes de la fundación del mundo.

Capítulo 2
¿Que es el Pecado?

El pecado es la condición espiritual de las tinieblas que obliga a nuestra alma a tomar una posición de autoridad por encima de Dios. El orgullo es el fruto de esa condición y convierte los corazones de los hombres en piedras. La condición del hombre requiere una solución espiritual para salvarlo de él mismo y para restaurar su relación con el Creador...

Yo he venido como una luz al mundo, para que todo aquel que cree en Mí (aquél que tiene fe, confía y depende en Mí), no continúe viviendo en tinieblas.

Juan 12:46 (AMP)

Cristo proveyó lo necesario para terminar con la separación del hombre con Dios. Él sacrificó Su vida derramando Su sangre por la condición de toda la humanidad, la cual fue consecuencia de la elección de Adán. Este acto del Hijo de Dios destruyó la injusticia y estableció Su Palabra y Su Luz Juzgando de esta manera las tinieblas por toda la eternidad.

Además, Su sangre tenía en sí misma el poder de Dios para destruir el dominio espiritual del pecado sobre el hombre. Su sangre también proveyó la libertad al ser humano para reconocer y obedecer a su Creador, borrando su pasado como si nunca hubiera sucedido.

La debilidad del hombre se convirtió en la Gloria de Dios por la obra de Cristo.

La primera vez que aprendí acerca del pecado fue cuando tenía doce años. Me habían enseñado que todo ser humano nace pecador, también aprendí que, si no me arrepentía y le daba mi vida a Jesús, me iría al infierno; la sola descripción del ese lugar me atemorizaba y me convencía de mi "pecado".

Entonces el predicador me explicó, a partir de las cartas de Pablo a los Romanos, lo que necesitaba hacer para ser salvo del infierno y poder ir al Cielo. Este fue el comienzo de mi viaje para conocer el amor de Dios demostrado por la muerte y resurrección de Cristo.

Cristo el Vencedor

La muerte de Jesús en la cruz y Su resurrección son, sin duda, las historias que la gente más ha escuchado y que muchos creen. De acuerdo a ciertas enseñanzas, el creer en esto hace que una persona sea considerada salva y nacida de nuevo. Esto lo sé porque fue lo que me enseñaron en las iglesias a las que asistí, sin embargo, esa creencia influyó muy poco en cambiar mis hábitos, deseos y metas en la vida. De hecho, me convirtió en una persona religiosa y farisea que condenaba a los que no creían como yo. No fue sino hasta mucho tiempo después que aprendí que el significado espiritual de lo que Cristo hizo, es un mensaje que nos lleva a un ascenso continuo y que para comprenderlo es necesario nacer de nuevo.

El hombre tiene libre albedrío para hacer lo que quiera, pero toda injusticia será juzgada. El amor de Dios y Su autoridad constituyen la justicia, la cual tiene la responsabilidad de proteger al amor del pecado.

El amor y la justicia son una sola cosa que es la luz de Dios; la justicia produce amor y viceversa.

El pecado es injusticia y oscuridad, e inevitablemente será juzgado por la justicia y el amor de Dios, por lo tanto, Él no juzga porque está enojado sino porque ama.

La dimensión espiritual es la realidad y el origen de todas las cosas y el tejido que lo mantiene unido es el amor. Aquéllos que han visto ángeles entienden que ellos obedecen a Dios a causa de Su justicia y Su amor demostrado por el sacrificio de Su Hijo.

Dios les hizo una advertencia primero a Adán y luego a Caín; ellos sabían lo que pasaría si no tomaban autoridad sobre el pecado. Veamos esta advertencia en diferentes traducciones.

Si haces lo bueno, ¿acaso no serás enaltecido? Pero, si no lo haces, el pecado está listo para dominarte. Sin embargo, su deseo lo llevará a ti, y tú lo dominarás.

Génesis 4:7

Si haces bien, ¿no serás aceptado? Y si no haces bien, el pecado yace a la puerta y te codicia, pero tú debes dominarlo.

Génesis 4:7 (LBLA)

Si hicieras lo bueno, podrías andar con la frente en alto. Pero si haces lo malo, el pecado te acecha, como una fiera lista para atraparte. No obstante, tú puedes dominarlo.

Génesis 4:7 (NVI)

Si haces lo bueno, ¿no serás aceptado? Pero si no haces el
bien el pecado se agazapa a tu puerta, su deseo lo llevara
a ti, pero tú debes dominarlo

Génesis 4:7 (AMP)

El pecado empezó con Adán y pasó directamente a través de
su línea de sangre a Caín. Recuerde que, tanto Caín como
Abel, trajeron un sacrificio delante de Dios. Sus acciones
fueron correctas, pero el corazón de Abel era recto delante
de Dios y su ofrenda fue aceptada; sin embargo, el pecado
tomó la forma del rechazo que se aferró a la puerta del
corazón de Caín y él la abrió para dejarlo entrar.

Hoy, Jesús está a la puerta y llama pero, si todo lo que oímos
es el ruido generado por un alma atormentada por temores
emocionales y mentales, no escucharemos Su llamado.

¡Mira! Ya estoy a la puerta, y llamo. Si alguno oye
mi voz y abre la puerta, yo entraré en su casa,
y cenaré con él, y él cenará conmigo.

Apocalipsis 3:20

El pecado no es lo que usted hace, sino la razón por la
cual lo hace; esto es lo que produce incredulidad, que a
su vez es la injusticia que Dios juzga. Damos por hecho
que nuestras acciones como fumar, maldecir y mentir es
lo que nos condena pero, ¿es en verdad así?

Dios dijo a Oseas que se casara con una ramera. Él dio a Moisés leyes que condenaban a todo aquel que no guardaba el Sábado y sin embargo, Jesús hizo la mayoría de Sus milagros en ese día. Las escrituras son claras para mí en el sentido que Dios sólo juzga el corazón del ser humano, pero los Fariseos religiosos juzgan las acciones de los hombres porque son inconscientes de sus propias tinieblas.

El pecado es el producto de la incredulidad y la consecuencia espiritual es la muerte, que es la separación de Dios por la eternidad.

Porque la paga del pecado es muerte...

Romanos 6:23

Por consiguiente, el "pecado" es una substancia espiritual que produce muerte porque separa al hombre de la fuente de toda vida que es Dios.

Con el propósito de revertir la maldición del pecado, Dios tuvo que sacrificar lo justo por lo injusto dando a Su único Hijo como redención; es decir Jesús, con Su sangre, abolió el pecado de Adán para siempre.

Para esto se ha manifestado el Hijo de Dios:
para deshacer las obras del diablo.

1 Juan 3:8b

La obra del diablo es separar al hombre de Dios a través de la duda y la incredulidad.

El reino de este mundo se formó del árbol del conocimiento del bien y del mal en el Jardín del Edén; la conciencia Adámica o caída procede de ese fruto. La conciencia es la manera de pensar que proviene ya sea del primer Adán o del último, el cual es Jesús.

Dios bien sabe que el día que ustedes coman de él,
se les abrirán los ojos, y serán como Dios,
conocedores del bien y del mal.

Génesis 3:5

Satanás cree que el poder y el orden se originan en el conocimiento. Esto es ilegal de acuerdo con Dios y es la trampa en la que cayó satanás. En mi opinión, el árbol del conocimiento del bien y del mal o "dualidad" es la mente de satanás; su naturaleza es la iniquidad concebida del mal o incredulidad y su fruto es el pecado.

El árbol del conocimiento del bien y del mal, sin embargo, opera de acuerdo a leyes; una de estas leyes pide la muerte a todo aquel que mata a una persona inocente. Jesús era inocente y fue asesinado por satanás y de esta manera el diablo fue condenado por su propia ley.

Ahora bien, cada vez que el hombre come de ese fruto, las decisiones y elecciones que hace, son hechas sin fe lo cual tiene consecuencias.

El hombre es incapaz de vivir de acuerdo a las leyes de Dios y por eso el carácter del ser humano se forma a partir de la desobediencia y la rebelión. Es por esta razón que la fe es la única cosa que agrada a Dios y, por lo tanto, todo lo demás produce muerte.

...y todo lo que no procede de fe, es pecado.

Romanos 14:23b (LBLA)

Toda incredulidad es pecado y describe la condición del hombre que ha sido partícipe de ese "árbol".

La muerte de Abel fue más que un asesinato, puesto que introdujo una palabra y una condición que fue transmitida a todas las generaciones: esa palabra fue la "muerte" y esa condición fue el temor a morir. La humanidad perdió su conexión espiritual con Dios y no entendió que las consecuencias eran mucho mayores que morir en el mundo material.

La Muerte Segunda

La Biblia habla de otra muerte que no es física, sino espiritual. Esta surgió como una consecuencia directa del pecado y la más importante para todo ser humano.

Jesús la llamó la "muerte segunda".

Luego la muerte y el Hades fueron lanzados al lago de
fuego. Ésta es la muerte segunda.

Apocalipsis 20:14

Pero los cobardes, los incrédulos, los abominables,
los homicidas, los que incurren en inmoralidad sexual,
los hechiceros, los idólatras y todos los mentirosos
tendrán su parte en el lago que arde con fuego
y azufre, que es la muerte segunda.

Romanos 21:8

Cuando Jesús hablaba acerca de la muerte, estaba describiendo la muerte segunda. Él entendió la autoridad sobre la tumba porque eso fue lo que vino a impartir a los que creen en Él. Aquéllos que malinterpretan esto, ponen su confianza en el mundo físico en lugar de en la realidad espiritual. Si Jesucristo conquistó algo, fue el sepulcro y el temor que produce en aquéllos que no lo conocen ni creen en Él.

Las escrituras arriba mencionadas explican la condición del hombre antes de la Ley de Moisés. Nuestro Padre Celestial quiere que Su creación regrese a Él y Su magnífico plan es una obra maestra diseñada y planeada por su gran amor por el hombre.

Desde Adán hasta Moisés, todos aquellos que murieron quedaron separados de Dios y encarcelados.

Quedaron en esta condición hasta que Jesús predicó a sus espíritus cuando descendió al corazón de la Tierra tras morir en la cruz.

*Por medio del Espíritu fue y predicó
a los espíritus encarcelados,*

1 Pedro 3:19 (NVI)

Pues antes de la ley había pecado en el mundo, pero el pecado no se imputa cuando no hay ley.

Romanos 5:13 (LBLA)

Ese pecado alteró la relación con Dios en todo y con todos, pero el grado de esta alteración no fue claro hasta que Dios se lo dictó a Moisés en detalle.

Por lo que la muerte, este abismo enorme que nos separa de Dios, dominó en el tiempo desde Adán hasta Moisés.

Romanos 5:13 (MENSAJE)

El pecado de Adán separó al hombre de su Creador y como resultado hubo un cambio en cuanto a lo que fue la imagen y la semejanza de Dios en él y esto es lo que fue transmitido a toda la humanidad. Los pasos necesarios para resolver esta situación empezaron con Abraham y se consumaron en Jesucristo.

La Biblia dice que todo lo que no proviene de la fe es pecado y, por lo tanto, vencerlo requiere una fuerza espiritual que es la fe. Esto es lo que se necesita para que el hombre vuelva a Dios, pero el diseño estaba escondido en la ley para atrapar a satanás y a su línea de sangre.

Es importante entender que Jesús usó la palabra "muerte" para describir la condición espiritual del hombre y no para referirse a la muerte física. Un punto crítico que generalmente pasamos por alto es que la realidad se origina en la dimensión eterna y no en la física.

Si queremos agradar a Dios debemos elegir vivir por fe y no por el temor y el pecado. Todo lo que Jesús hizo fue por medio de Su autoridad espiritual y su mente sujeta a Su Espíritu. A menos que el Espíritu dador de vida conecte de nuevo nuestro espíritu con el Suyo, nuestra manera de pensar no cambiará, ni tampoco nuestra imagen y semejanza con el primer Adán. Por eso es que debemos nacer de nuevo.

Capítulo 3
Abraham por la Fe

Antes de la fundación del mundo Dios, es decir el Padre Hijo y Espíritu Santo, diseñó un plan divino que protegería a Su creación y quitaría todo el mal incluyendo a satanás.

La justicia se produce por la fe y su poder es el amor. Abraham fue contado por justo a causa de su fe, la cual era agradable a Dios. A todo acto de fe le corresponde una acción, ya que muestra nuestra confianza en el mundo invisible o espiritual.

Puesto que Dios es la esencia de todas las cosas, la fe produce un resultado visible al confiar en el Creador de todas las cosas, quién es invisible. Ésta es la razón por la cual lo profético siempre ha sido la comunicación de Dios con el hombre. Es imposible entender la Biblia desde un punto de vista que no sea profético. Entender el tiempo profético es crucial, pues Dios no vive en el tiempo sino que éste vive en Él.

Dios usó la fe de Abraham para que naciera la nación de Israel. Esa línea de sangre fue preservada y protegida con el fin de redimir a la humanidad, así como también para condenar a satanás y a sus ángeles.

El amor infinito de Dios lo llevó a traer al hombre de regreso a Él. Por lo que, antes de la fundación del mundo, Él preparó el plan perfecto de restauración que no violaba ni Su justicia, ni el libre albedrío del ser humano.

El hombre nunca perdió su derecho de escoger, pero todo pecado será juzgado por **el amor, cuyo poder es la justicia. Pero, ¿qué es la justicia?**

Cuanto más estudio las escrituras, más estoy convencido que la justicia no se trata de lo QUE hago, sino POR QUÉ lo hago. Esto explica realmente la razón por la cual Dios hace lo que hace.

Dios es amor y la justicia es el poder que hace que el amor sea invencible.

He escuchado a gente preguntar: "Si Dios es amor, ¿Por qué permite un tsunami o cualquier otro desastre natural? La gente hace esas preguntas difíciles porque no sabe que la responsabilidad del juicio es proteger al amor. Sin juicio, toda la vida estaría en caos y finalmente moriría.

El amor reproduce la vida y la sostiene juzgando todo aquello que la amenaza. **La justicia demanda que las tinieblas sean juzgadas para proteger al amor de cualquier corrupción.**

La Justicia de Abraham

Dios definió los motivos de Abraham como justos porque el creyó. Aquellas personas que dicen tener fe deben probarlo con sus actos; pero, aún si sus acciones parecen estar equivocadas, su RAZÓN para hacerlas puede ser correcta de acuerdo a Dios pues Él juzga el corazón del hombre.

La importancia de actuar conforme al amor define los motivos que Abraham tuvo para creerle a Dios antes de ser circuncidado. La circuncisión era una marca de identificación que separaba a los Judíos de los Gentiles y un acto de consagración al Señor.

Por consiguiente, antes que Abraham fuera circuncidado fue contado como justo; esto quiere decir que, no es lo que hacemos sino POR QUÉ lo hacemos lo que llama la atención de Dios.

Y Abram creyó en el SEÑOR, y El se lo reconoció por justicia.

Génesis 15:6 (LBLA)

Porque en el evangelio la justicia de Dios se revela por fe y para fe; como está escrito: Mas el justo por la fe vivirá.

Romanos 1:17 (LBLA)

Pero el que duda, si come se condena, porque no lo hace por fe; ***y todo lo que no procede de fe, es pecado.***

Romanos 14:23 (LBLA)

Está claro a partir de las escrituras que la injusticia o pecado es producto de la incredulidad. Todos nacemos con una "medida" de fe y ésta es la conexión divina de Dios con nuestro espíritu que produce experiencias que el hombre define como intuición o Déjà vu.

La conciencia de este mundo está arraigada al temor de la muerte física porque no se ha comprendido la dimensión espiritual, ni se ha enseñado acerca de ella. El mundo está gobernado por maneras de pensar de mentes humanas no convertidas a Cristo que están llenas de temor y egoísmo.

Nada es una sorpresa para Dios, ni la desobediencia de Adán, ni la rebelión de Lucifer. El poder majestuoso de Dios y Su sabiduría están más allá de nuestra comprensión pues Él es, después de todo, el Creador de todo y de todos.

Dios encontró en Abraham un hombre que establecería Su pacto y sería figura de Su redención. La fe de Abraham cambió al mundo y se convirtió en el conducto de las bendiciones de Dios.

Abraham fue la línea de sangre que Dios usó para reproducir al *último Adán*, y su semilla de fe se ha multiplicado en una bendición para toda la humanidad.

Y en tu simiente serán bendecidas todas las naciones de la tierra, porque tú has obedecido mi voz.

Génesis 22:18(LBLA)

El Apóstol Pablo escribió acerca de esta semilla lo siguiente:

*Ahora bien, las promesas fueron hechas a Abraham y a su **Simiente**. No dice: «Y a las simientes», como si hablara de muchos, sino: «Y a tu **Simiente**», como de uno, que es Cristo.*

Gálatas 3:16

La importancia de actuar en amor define los motivos de Abraham, quien le creyó a Dios y le fue contado por justicia antes de ser circuncidado. Su acción fue consecuencia de su fe, lo cual es el orden natural de las cosas de acuerdo con Dios. La razón por la que actuamos está determinada por nuestra fe o nuestros motivos.

Isaac fue el hijo que Dios dio a Abraham a acusa de su fe; éste no fue un nacimiento ordinario sino que fue un milagro pues su mujer era estéril. La prueba más grande de su fe vino después, cuando Dios le pide que sacrifique a Isaac. Esto era prefiguraba el plan de Dios para la redención de la humanidad.

La bendición de Abraham es tanto física como espiritual a causa de su obediencia.

...a fin de que en Cristo Jesús la bendición de Abraham viniera a los gentiles, para que recibiéramos la promesa del Espíritu mediante la fe.

Gálatas 3:14 (LBLA)

Dios hizo una promesa a Abraham que se volvió la piedra angular del más grande plan jamás creado y es, a través de él, padre de la fe que todos aquellos que crean serán bendecidos.

Y el Señor se apareció a Abram, y le dijo: A tu descendencia daré esta tierra. Entonces él edificó allí un altar al Señor que se le había aparecido.

Génesis 12:7 (LBLA)

El Señor, el Dios de los cielos, me sacó de la casa de mi padre y de la tierra de mis parientes; él mismo me habló, y con juramento me dijo: "Esta tierra se la daré a tu descendencia", así que él enviará a su ángel delante de ti, y de allá tomarás una mujer para mi hijo.

Génesis 24:7

Hay incontables libros escritos acerca de la fe, y por alguna buena razón, porque sin fe no podemos agradar a Dios; pero debemos recordar que la fe es una fuerza espiritual que produce resultados visibles e invisibles. La fe producirá una acción en aquéllos que le creen a Dios. La fe no es sólo con el propósito de recibir algo de Él, sino que es una transacción espiritual en la que reconocemos que Él ya lo ha hecho.

Dios no está sujeto al tiempo y la fe no tolera nuestros horarios. La fe es producida por Dios y dada al hombre con el propósito que vuelve a Él. El reconocimiento de Su fe produce una acción que nace del agradecimiento y no de la necesidad. Una de las definiciones de fe citada en el capítulo 11 de la carta a los Hebreos la describe como la sustancia de las cosas que se esperan. Si entendemos a Dios como el Creador, debemos saber que nada de lo que queremos o esperamos puede materializarse sin Él.

En otras palabras, atraer o manifestar la materia de todas las cosas empieza con reconocerlo a Él como nuestro Padre. El nos recompensa soltando Su gloria o justicia a nuestro ser, la cual es la fuente invisible de todas las cosas. Esto nos provoca a querer más de Él y no de Su creación.

Sin fe es imposible agradar a Dios, porque es necesario
que el que se acerca a Dios crea que él existe,
y que sabe recompensar a quienes lo buscan.

Hebreos 11:6

Las riquezas de Su gloria se mencionan varias veces en las Epístolas. Mis encuentros con Su gloria comenzaron una transformación espiritual en mí que alteró mi manera de percibir esta dimensión. Su Gloria es la substancia sobrenatural que fortalece mi fe; sus riquezas son tesoros escondidos demasiado gloriosos para describirlos.

Jesús dijo: *"Todo es posible si puedes creer"* ¿Quieres cambiar tu condición física? la puedes cambiar a través de lo que creas. Jesús nunca dijo que todo lo que desees será provechoso para tu desarrollo espiritual, ni tampoco que produciría la justicia que es agradable a Él.

Él dijo *puedes tener lo que creas.* Por lo tanto, sin un alma convertida a Cristo, nuestros deseos serán más hacia las cosas creadas que la búsqueda del Creador.

El ámbito espiritual responde a la fe, porque Dios y la fe son lo mismo.

Salomón dijo: *"La bendición del Señor nos enriquece y no hay pena en ello".* Esto significa que las bendiciones y las riquezas están en conocer a Dios como la fuente de todas las cosas. El lamento vendrá a aquéllos que creen que el mundo material es su fuente.

Creerle a Dios produce fe. Nuestras creencias provienen del corazón y mientras éste no sea transformado por un renacer espiritual, nuestra mente no convertida a Cristo, contaminará nuestros deseos, esperanzas y sueños.

La Bendición del Primogénito

Muchos conocen la historia de José, el hijo de Jacob que fue vendido como esclavo en Egipto. Después de casi 22 años, Jacob y José se reencontraron y antes de morir, Jacob bendijo a sus hijos, incluyendo a José.

Ahora, algo interesante sucedió cuando Jacob iba a extender la bendición del primogénito a su hijo mayor Manasés; durante la ceremonia Dios movió la mano derecha de Jacob y en vez de bendecir a Manasés, bendijo a su hijo menor, Efraín. Creo que esto fue para redimir lo que Caín le robó a Abel.

Veamos esto en otra Escrituras par que sea más claro.
El profeta Jeremías revela algo significativo que nos ayuda a entender los caminos de Dios.

Con llanto en los ojos se fueron, pero yo los haré volver con gran misericordia; al volver, los llevaré por arroyos de aguas, por caminos rectos, para que no tropiecen. Yo soy el padre de Israel, y Efraín es mi primogénito.

Jeremías 31:9

¿No es esto interesante? Dios está escogiendo a Su primogénito que no tiene nada que ver con el orden de nacimiento de los hijos naturales de Jacob.

Dios vio a Efraín como Su primogénito. Ahora bien aunque suene obvio, Dios no piensa como hombre. Todos decimos que sabemos esto, pero cuando se trata de entender los caminos de Dios usamos nuestra razón para "comprender" Sus caminos. Esta manera de pensar lleva a decisiones erróneas e interpretaciones falsas de la Biblia.

Jacob también recibió la bendición del primogénito en vez de su hermano Esaú y después el también contendió con el ángel por una bendición de Dios. Fue entonces que Dios cambió su nombre y lo llamó Israel, el cual fue el principio de su bendición y la preparación del "vientre espiritual" que daría a luz al Mesías.

Las luchas y la redención del pueblo Judío, y aún su participación en la crucifixión de Jesús, fueron necesarias para restaurar la relación del hombre con Dios y condenar a satanás.

A través de la Biblia nos desconcertamos de la manera en la cual Dios determina la justicia. Esto debe despertar nuestro espíritu a la necesidad absoluta de depender del Espíritu Santo cuando es el tiempo de tomar decisiones y hacer elecciones. Sus caminos son más altos que los nuestros, y ésta es la razón por la cual nos dio a Su Espíritu.

Los Profetas como Vórtices de Fe

Dios usa a los profetas como vórtices espirituales de fe para cambiar el mundo material. Abraham y sus hijos fueron profetas y así es como Jesús los identifica en la siguiente escritura:

Allí habrá llanto y rechinar de dientes cuando vean
en el reino de Dios a Abraham, Isaac, Jacob y a todos los
profetas, mientras a ustedes los echan fuera.

Lucas 13:28 (NVI)

La mayoría de la gente no entiende la necesidad absoluta que tenemos de los profetas. El poder para creer lo que tus sentidos no pueden detectar es la puerta para el Reino de Dios; de hecho, la Biblia es claramente un libro profético escrito de principio a fin por el Espíritu de Cristo.

Acerca de esta salvación, los profetas que profetizaron
de la gracia que vendría a vosotros, diligentemente
inquirieron e indagaron, procurando saber qué persona
o tiempo indicaba el Espíritu de Cristo dentro de ellos,
al predecir los sufrimientos de Cristo
y las glorias que seguirían.

1 Pedro 1:10-11 (LBLA)

*Yo me postré a sus pies para adorarlo, pero él me dijo: ¡No hagas eso! Yo soy consiervo tuyo, y de tus hermanos que retienen el testimonio de Jesús. Adora a Dios. **Pues el testimonio de Jesús es el espíritu de la profecía.***

Apocalipsis 19:10

Como lo mencioné anteriormente, la fe es una fuerza espiritual que produce efectos más allá de nuestro sentidos físicos.

Aquéllos que pasan tiempo adorando y meditando en el Reino de Dios tendrán experiencias fuera de esta dimensión física. La sustancia de la fe es el poder de la justicia que se manifiesta en el mundo invisible.

Puedo recordar numerosas ocasiones mirar a través de lo que parecía un hoyo multicolor en los cielos. Vi muchas criaturas angelicales. La parte mas fascinante de esas visiones fue la paz y el conocimiento que emanaban de ese portal o vórtice.

Estas experiencias me han dado un mayor entendimiento de cómo Enoc tan sólo dejó esta dimensión y entró a la eternidad. Creo que algún día el Señor me dará mayor entendimiento sobre de estas dimensiones fuera del tiempo y la oportunidad de hacerlas visibles a través de la adoración.

Melquisedec, el sumo sacerdote del Cielo, fue enviado para bendecir a Abraham con el propósito de atraer las riquezas de este mundo, para ser enviadas y transferidas a aquéllos que son **Real Sacerdocio y nacidos en el Hijo de Dios**.

Cristo Jesús, por virtud de ser de la semilla del Rey David y de acuerdo a la orden de Melquisedec, es nuestro Real Sumo Sacerdote.

Dios respondió a Abraham a causa de su fe y lo hizo padre de muchas naciones.

La riqueza de las naciones es la herencia de aquéllos que son nacidos en el Real Sacerdocio; Cristo Jesús es ese sacerdote conforme al orden de Melquisedec.

> *...donde Jesús, nuestro precursor, entró por nosotros y llegó a ser Sumo Sacerdote para siempre, según el orden de Melquisedec.*

> *Hebreos 6:20*

Pero, ¿qué significa esto y cómo nos afecta? La fe y la justicia abren la realidad invisible para recibir y distribuir las riquezas de nuestro Real Sumo Sacerdote.

A Abraham le fue mostrado nuestro Mesías y se regocijó porque él fue escogido como la semilla terrenal para los herederos del Reino de Cristo.

> *Abraham, el padre de ustedes, se regocijó al pensar que vería mi día; y lo vio y se alegró.*

> *Juan 8:56 (NVI)*

El perfecto plan de restauración de Dios para toda la humanidad empezó con Abraham y requirió una nación con toda su historia, Israel y una línea de sangre para cumplir Su estrategia final.

Al irse desarrollando este plan perfecto, Moisés entraría en acción posicionándose como la pieza subsecuente.

Dios habló a Abraham acerca de su futura descendencia que se convertiría en la nación de Israel; le describió su cautividad, sus sufrimientos y aún el tiempo que pasaría antes que Moisés los liberara.

Y Dios dijo a Abram: Ten por cierto que tus descendientes serán extranjeros en una tierra que no es suya, donde serán esclavizados y oprimidos cuatrocientos años.

Génesis 15:13 (LBLA)

El *último Adán*, Jesús, restauró TODO lo que se había perdido. Enfatizo "todo" porque, la mayoría de los mensajes de los primeros reformadores fueron acerca de la salvación por la gracia. El Hijo de Dios, nuestro Mesías, restauró TODAS las cosas que se perdieron con el primer Adán.

La salvación es parte de la restauración, pero es sólo una pequeña parte de la majestuosa autoridad de Cristo obtenida para aquéllos que han nacido de nuevo en Su imagen y semejanza.

La fe de Abraham proveyó la pieza indispensable para que se produjera la obra más grande que Dios haría en la Tierra; su confianza en Dios fue el origen que dio a luz el pueblo de Israel. Además, Israel fue el canal para que Dios enviara Sus Leyes y el nacimiento del *último Adán*. Jesús cumplió cada promesa profética de las escrituras como el resultado de la fe de un hombre.

El camino para reconciliar al hombre con Dios empezó con Abraham, quien fue contado por justo ante las Leyes de Dios, pero el plan seguiría su curso a través de Moisés por medio del cual Dios vendría la ley.

Capítulo 4
Moisés y la Ley

Dios creó todas las cosas incluyendo las leyes para gobernar las dimensiones invisibles y visibles; sin leyes, los ángeles y los hombres no podrían dar cuentas de sus acciones. Dios preparó el infierno para todas las criaturas que escogieran las tinieblas en lugar de la luz. Si embargo, como Él es un juez justo, no podía ejecutar la justicia si no había leyes que se pudiesen quebrantar. El asesinato de Jesús fue la sentencia de muerte para satanás y de todos los que le siguieran.

Las leyes de Dios son la obra maestra de la trampa invisible para satanás. Hemos aprendido que la fe es la puerta del corazón de Dios, pero el pecado obligó a la humanidad a conducirse conforme al temor.

Dios usó señales y prodigios para humillar a Egipto y para poner Su temor en los Judíos para que se sujetasen a Sus leyes al igual que a Moisés.

Y Dios dijo a Abram: Ten por cierto que tus descendientes serán extranjeros en una tierra que no es suya, donde serán esclavizados y oprimidos cuatrocientos años.
Mas yo también juzgaré a la nación a la cual servirán, y después saldrán de allí con grandes riquezas.

Génesis 15:13-14(LBLA)

Moisés fue educado en la casa del Faraón y fue entrenado para dirigir al pueblo de Egipto; él pudo haber sido un Faraón de no haber perdido su templanza que lo llevó a matar a un Egipcio. Creo que el plan del Señor para Moisés era guiar al pueblo de Dios como rey y no como fugitivo.

No creo que las plagas y la muerte de los Egipcios fueran la primera opción de Dios; Pero eso es una opinión muy personal.

Recuerde que Dios dijo a Abraham que sus descendientes serían liberados después de 400 años de cautividad, pero la siguiente escritura revela que Moisés no se coordinó con el tiempo preciso de Dios .

Los israelitas vivieron en Egipto
cuatrocientos treinta años,

Éxodo 12:40

El Hecho que que hayan 30 años de más en lo que era el plan de Dios tal vez no es de gran importancia de acuerdo a nuestra forma de pensar. Pero aquellos que entienden la precisión de Dios saben que el tiempo exacto lo es !

El Factor "Tiempo Preciso"

El tiempo preciso determina la posición que afecta nuestro entendimiento correcto en muchos niveles diferentes. Por ejemplo, ¿alguna vez ha leído un libro que le falte el último capítulo, o ha escuchado instrucciones en el teléfono al mismo tiempo que un avión pasa volando? Lo único que le queda es llenar los espacios en blanco de acuerdo a su mejor conjetura o especulación.

Dios usa el tiempo, pero no se rige por él porque Él mora en la eternidad. El hombre tiene sólo una cantidad limitada de tiempo para entender los caminos de Dios; es por esto que Moisés quería conocerlos. Cuando Dios habla, Su Palabra se cumple fuera de la dimensión del tiempo, y Su voz se recibe en cada generación de acuerdo al nivel del conocimiento que tengamos de Él. En el ámbito natural, nosotros ocupamos tres dimensiones, pero Su deseo y voluntad son multidimensionales.

De hecho, Sus deseos ya se han cumplido en la eternidad, es decir, desde antes de la fundación del tiempo.

Los planes de Dios prevalecerán, pero nuestra participación, o la falta de ella, serán de acuerdo a nuestra sensibilidad a Su Espíritu. Su misericordia y gracia sustituyen la ira y el juicio hacia aquellos corazones que se han vuelto hacia Él.

En otras palabras, Dios llevará a cabo Su voluntad, pero nosotros podemos perder grandes bendiciones o imparticiones que nos pudieran preparar para algún evento futuro o proveer herramientas para hacer más fácil nuestra tarea actual.

Por ejemplo, si Moisés no hubiera sido un fugitivo, no se hubiera casado con una Madianita. Descubriremos más tarde que esto lo llevó a gobernar de acuerdo a un sistema que era humano y no de Dios.

Moisés tuvo la congregación más grande jamás reunida en el nombre de Dios. Ellos fueron testigos de los milagros más asombrosos jamás vistos; a pesar de esto, la primera generación excepto Josué y Caleb, murió antes de entrar en la Tierra Prometida. Creo que esta congregación errante en el desierto es figura de la iglesia hoy en día.

Cristo completó todo lo necesario para la humanidad en la cruz. Pero nuestra falta de comprensión y nuestra inhabilidad para entender este hecho total, nos ha llevado a perder los caminos de Dios.

Llegaremos entonces a la conclusión, que lo que Él usó en el Antiguo Testamento es lo que necesitamos ahora. Pero lo que tenemos ahora es mucho más grande. Tenemos un Nuevo Pacto con recompensas mayores y bendiciones para aquéllos que, diligentemente, lo busquen a Él y a Su Espíritu.

Dios es Dios de vivos no de muertos. Esto significa que lo que hizo ayer fue maravilloso pero, si tu no estás poniendo atención a Sus caminos, te perderás las bendiciones gloriosas que Él tiene para tu vida hoy. La gente está ansiosa por ser parte de grandes congregaciones cuyos líderes son carismáticos y hacen milagros. Las estructuras de las iglesias de hoy están diseñadas para hacer que la gente se sienta cómoda y la controlan de una manera muy parecida como las leyes dadas a Moisés.

¿La Idea del Hombre o la de Dios?

Por ejemplo: ¿Fue idea de Dios o sólo una buena idea, dividir la multitud con jueces en grupos de mil, cien, cincuenta y diez personas? Esta idea vino del suegro de Moisés, Jetro, que era un Madianita. Este era un pueblo que adoraba ídolos y peleaba constantemente en contra de los Israelitas.

*Ahora, escúchame; yo te aconsejaré, y Dios estará
contigo. Sé tú el representante del pueblo delante de Dios,
y somete los asuntos a Dios.*

*Además, escogerás de entre todo el pueblo hombres
capaces, temerosos de Dios, hombres veraces que
aborrezcan las ganancias deshonestas, y los pondrás
sobre el pueblo como jefes de mil, de cien, de
cincuenta y de diez.*

*Y que juzguen ellos al pueblo en todo tiempo; y que
traigan a ti todo pleito grave, pero que ellos juzguen
todo pleito sencillo. Así será más fácil para ti, y ellos
llevarán la carga contigo.*

*Si haces esto, y Dios te lo manda, tú podrás resistir
y todo este pueblo por su parte irá en paz a su lugar.
Moisés escuchó a su suegro, e hizo todo lo
que él había dicho.*

Éxodo 18:19, 21-24 (LBLA)

Siempre me pregunté por qué Moisés, que conocía la voz a
Dios, había escuchado a alguien que nunca había oído de Él.
Entonces, el Señor me recordó mi propia impaciencia a lo
largo de los años en los cuales oí a otros en lugar de
escucharlo a Él. Esto es una debilidad dentro de los seres
humanos que, secretamente, quieren culpar a alguien cuando
las cosas no salen como las planearon. Me he arrepentido de
esta estructura en mi vida; ahora escucho al Espíritu Santo
por mí mismo y asumo la responsabilidad de lo que oigo.

Dios está levantando una nueva generación de líderes que enfrentará los problemas con soluciones a la manera de Dios, sin temor a la represalia de los hombres. A lo largo de los años he aprendido que cuanto más atención pongo al Espíritu, mayores son las oportunidades para recibir soluciones que cambien los corazones y no sólo las circunstancias.

Note que Jetro le dice a Moisés: "Dios **estará contigo**", esto es después que él le dice a Moisés algo muy revelador.

Allí le dijo a Moisés: «Yo soy Jetro, tu suegro, y vengo a verte con tu mujer. Sus dos hijos vienen con ella.»

Éxodo 18:6

Creo que a Jetro nunca le agradaron los Judíos, y como sacerdote de los Madianitas él había separado a Moisés de su familia. Aunque Dios los había incluido y sus niños habían sido circuncidados, el corazón de Jetro servía a los ídolos que él adoraba.

Por lo tanto, aunque el consejo parecía bueno y daba una estructura a las circunstancias, no era de Dios. La historia prueba que tras haber instituido este sistema de liderazgo, el pueblo se volvía contra Moisés de una manera frecuente y violenta demostrando así, que esto no era el diseño de Dios. Lo mismo sucedió cuando los Israelitas eligieron a Saúl como rey en lugar de seguir a Dios a través del profeta Samuel.

Como consecuencia, de haber sido establecido este tipo de liderazgo propuesto por Madián, las estructuras de muchas iglesias hoy en día están formadas con esta mentalidad. Este sistema de gobierno produce una cultura de división y rebelión, y no está fundado en la voz de Dios o en Sus profetas, sino en directivas y principios de aquéllos que usan la razón y no son guiados por el Espíritu.

Ahora te digo que tú eres Pedro (que quiere decir "roca"), y sobre esta roca edificaré mi iglesia, y el poder de la muerte no la conquistará.

Mateo 16:18 (NTV)

Jesús le dice a Pedro, después que lo identifica como el Cristo, que Su iglesia sería edificada sobre una revelación en ascenso continuo. Él usa la palabra "roca" para representar tanto el mundo visible como el invisible. **El fundamento de la Iglesia de Dios será edificado sobre la revelación y no sobre el razonamiento humano o las buenas ideas**.

El fundamento erróneo nunca producirá el resultado deseado por Dios, no importa la manera cómo se vea o se escuche. Debemos desafiar constantemente lo que hacemos y la manera de realizarlo.

Dicho de otra manera, cuando un fundamento erróneo es edificado tiene muy poca resistencia ante las pruebas de la vida.

Los estudiosos de la Biblia que han contado las leyes y los mandamientos que Dios dio a Moisés han encontrado que son más de 600. Los Diez mandamientos ni siquiera están incluidos entre ellos. ¿Acaso es de sorprenderse que los Israelitas fueran tan legalistas durante el tiempo de Cristo?

El legalismo es uno de los problemas que la iglesia enfrenta el día de hoy. El Espíritu Santo usará cualquier oportunidad que tenga para llevar la gente a Cristo; muchas veces las personas tienen una experiencia con Jesús en una forma religiosa que no necesariamente refleja la manera de Dios.

Cuando el nuevo creyente no entiende los caminos de Dios, entonces asocia la experiencia con el método y adapta rápidamente conceptos que forman estructuras sin esencia, los cuales se conocen comúnmente como religión.

Cristo destruyó el yugo de la religión y abrió la puerta del Reino a aquéllos que estaban dispuestos a creer al Espíritu Santo. La manera justa de vivir para Cristo requiere un cambio radical de nuestras creencias en cuanto a Él y de lo que hasta ahora hayamos conocido de Él. Todas las experiencias que has tenido con Él han sido diseñadas para provocar que Lo sigas. Si los líderes entrenaran a la gente a escuchar al Espíritu Santo, su influencia en sus ciudades y naciones aumentaría sin tener que seguir los modelos de este mundo.

El Papel de Moisés

El papel de Moisés en el plan majestuoso de Dios para redimir a la humanidad y condenar a satanás sólo pudo haber sido diseñado por nuestro Padre Celestial. Los resultados siempre han sido revelados a aquéllos que tienen ojos y oídos para Su Espíritu.

Recuerde, Dios hizo una promesa a Abraham y fue a causa de su fe que él sería el padre de muchas naciones. Si la fe siempre fue la clave para volver a Dios, entonces, ¿por qué el Señor instituyó la ley?

El Apóstol Pablo, más que ningún otro, entendió la transición de Abraham a Moisés y luego a Cristo; tal vez lo explicó tan bien debido a su transformación de Saulo a Pablo.

El propósito de la ley fue mantener a un pueblo pecador en el camino de la salvación hasta que Cristo (el descendiente) viniera, heredando las promesas y distribuyéndolas entre nosotros.

Obviamente esta ley no era un encuentro directo del hombre con Dios, sino que fue dada por medio de un mediador: Moisés

¿Pero, si hay un mediador como en el Sinaí, entonces la gente no está tratando directamente con Dios, o sí lo está? Pero, la promesa original es la bendición directa de Dios recibida por fe.

*Si este es el caso, entonces ¿Es la ley una anti-promesa, una negación de la voluntad de Dios para nosotros? De ninguna manera. **Su propósito era hacer obvio que todos nosotros tenemos una relación equivocada con Dios.** Y también para mostrarnos lo inútil que es inventar sistemas religiosos para conseguir, por nuestros propios esfuerzos, lo que sólo podemos obtener esperando por la fe que Dios complete su promesa.*

Gálatas 3:19-21
(Traducción de la Biblia Message, Mensaje)

Pero antes de que viniera la fe, estábamos confinados bajo la ley, encerrados para aquella fe que iba a ser revelada.

De manera que la ley ha sido nuestro tutor, para llevarnos a Cristo, a fin de que fuéramos justificados por la fe.

Pero al venir la fe, no estamos ya bajo el cuidado de un tutor,

Gálatas 3:23-25

Dios no acepta a la gente sólo porque obedecen la ley. ¡Claro que no! **Todo lo que la Ley hace es poner en evidencia nuestro pecado.**

Ahora veamos cómo Dios nos hace aceptables para Él. **La Ley y los Profetas nos dicen cómo nos volvemos agradables a Dios, y no es por obedecer la Ley de Moisés**.

Dios trata a todos de la misma manera, **Él acepta a la gente sólo por tener fe en Jesucristo**.

...porque por las obras de la ley ningún ser humano será justificado delante de El; pues por medio de la ley viene el conocimiento del pecado.

Pero ahora, aparte de la ley, la justicia de Dios ha sido manifestada, atestiguada por la ley y los profetas; es decir, la justicia de Dios por medio de la fe en Jesucristo, para todos los que creen; porque no hay distinción;

por cuanto todos pecaron y no alcanzan la gloria de Dios,

Romanos 3:20-23 (LBLA)

Estas escrituras explican que uno de los propósitos de la Ley era exponer al hombre a sus transgresiones contra Dios.

La razón oculta, la que no era obvia, era atrapar a satanás en el sistema de leyes que el se había creado para sí mismo. Este era el secreto de todos los tiempos y parte de la multiforme sabiduría de Cristo.

El Sistema satánico de Sabiduría

El hombre escogió el sistema satánico de sabiduría cuando comió del árbol del conocimiento del bien y del mal; éste es el sistema actual del mundo en el cual nacemos debido a la elección del primer Adán. La humanidad no podía guardar las leyes del bien y del mal porque sólo Dios es capaz de hacerlo y, por consiguiente, satanás tenía el derecho legal para juzgar al hombre a causa de la ausencia de la ley.

Esta autoridad se explica claramente en el Libro de Job, que es considerado por muchos teólogos como el libro más antiguo de la Biblia.

Hubo un día cuando los hijos de Dios vinieron a presentarse delante del Señor, y Satanás vino también entre ellos.

Y el Señor dijo a Satanás: ¿De dónde vienes? Entonces Satanás respondió al Señor, y dijo: De recorrer la tierra y de andar por ella.

Job 1:6-7 (LBLA)

Y el Señor dijo a Satanás: He aquí, él está en tu mano; pero guarda su vida.

Satanás salió de la presencia del Señor, e hirió a Job con llagas malignas desde la planta del pie hasta la coronilla.

Job 2:6-7 (LBLA)

El mundo material, incluyendo al hombre, opera de acuerdo a leyes universales. Las reglas que gobiernan al hombre fueron impuestas por satanás hasta que Cristo nos redimió de la ausencia de ley. Los mandamientos de Dios son universales, y deben ser guardados por todo ser incluyendo a satanás y a los ángeles. Las leyes dadas a Moisés fueron la espada de dos filos de Dios que redimió a Israel y condenó a satanás.

La Salvación Primero a los Judíos

> *Pero Israel será salvada por el Señor*
> *con salvación eterna; y nunca más volverá a ser*
> *avergonzada ni humillada.*

Isaías 45:17 (NVI)

*Jesús le dijo: «**Hoy ha venido la salvación a esta casa, ya que él también es hijo de Abraham**.*

Lucas 19:9 (LBLA)

*Ustedes adoran lo que no saben; nosotros adoramos lo que sabemos; **porque la salvación viene de los Judíos**.*

Juan 4:22

La ley proveyó un beneficio a la casa de Israel: la salvación. Dios mostró a todo el mundo que seguir Sus leyes devolvía una parte de lo que el primer Adán perdió.

El pueblo de Israel era bendecido abundantemente con riquezas materiales, incluyendo victorias sobre sus enemigos; las bendiciones materiales de Israel se volvieron su perdición porque olvidaron que las Leyes de Dios eran espirituales y requerían fe.

Dios usó la fe de Abraham para revelar Su plan maestro que incluía el nacimiento de la nación de Israel. La salvación era la primera parte de la reconciliación de la humanidad con Dios y Moisés era Su instrumento.

Los verdaderos descendientes de Dios son nacidos por la fe igual que lo fueron los de Abraham. Por ejemplo, Jacob se convirtió en Israel después que luchó con el ángel del Señor; Saulo se volvió Pablo después de su experiencia en el camino a Damasco. Estos son ejemplos de hombres que recibieron la salvación guardando la ley, pero fue necesaria una transformación posterior en sus vidas para cumplir sus mas altos llamados.

Muchos de ustedes han sido preparados para aventuras maravillosas; algunas de ellas serán mas grandes de lo que puedan pensar o imaginar, pero es necesaria una mayor transformación en sus vidas. Ahora es el tiempo de buscar el nuevo nacimiento que Jesús explica a Nicodemo en el Evangelio de Juan capítulo 3 y que ha sido tan mal entendido.

La Biblia dice que la ley vino a través de Moisés, pero la gracia y la verdad vinieron de Jesús. Miremos en este siguiente capítulo, la gracia de una manera diferente.

Capítulo 5
El Evangelio de la Gracia

Un día iba caminando hacia la iglesia y me di cuenta que un indigente estaba sentado afuera pidiendo dinero en una taza pequeña. Recuerdo que me enojé y pensé: ¿cómo se atreve a faltar el respeto de esa manera a la "casa de Dios"? Mientras me acercaba a él, mi corazón latía más rápido con el deseo de decirle lo que sentía; pero antes que pudiera abrir mi boca, un hombre corpulento se me adelantó y puso 20 dólares en esa pequeña taza y le dijo: "Jesús te ama" y se alejó.

Entonces me detuve y pensé en esto por unos minutos: yo sabía que Jesús me amaba, pero pensaba que era porque trataba de ser bueno y seguía lo que mi pastor me enseñaba acerca de la Biblia.

Me tomó años descubrir que lo que yo haga es menos importante que la razón por la cual lo hago. El mensaje de la gracia no es una nueva religión, sino el descubrimiento de Cristo resucitado en Su gloria. La gracia abre la puerta ampliamente a Sus misterios, los cuales empiezan con la salvación, pero no terminan ahí. Mientras más lejos vaya en la Verdad, la entrada se hará más estrecha hasta que la persona que usted era ya no pueda pasar por esa puerta. Entonces, en determinado momento, usted debe tomar la decisión de perder su identidad y forma de pensar, y sujetarse al Rey de Reyes.

Estamos entrando en un tiempo en que se está descubriendo más acerca de la revelación de la Persona de Gracia la cual es Cristo; esto nos expone a mayores responsabilidades. No estoy hablando de ganarnos la salvación con obras o esfuerzos, sino me refiero a la reacción que usted tiene después de reconocer la magnitud de Su amor.

Por ejemplo, ¿cómo reaccionaría usted si alguien le diera un millón de dólares sólo por amor? En cierto modo es exactamente lo que hizo Cristo por usted. Una vez que entendamos lo que nos ha sido dado gratuitamente nuestras vidas reflejarán una gratitud que está mucho más allá de "ganar" la salvación.

La Gracia no es gratuita, costó el Hijo de Dios y la manera en la cual usted reaccione a ese amor es lo que definirá su fe.

Entonces, ¿por la fe invalidamos la ley? ¡De ninguna manera! Más bien confirmamos la ley.

Romanos 3:31

Por eso es por fe, para que esté de acuerdo con la gracia, a fin de que la promesa sea firme para toda la posteridad, no sólo a los que son de la ley, sino también a los que son de la fe de Abraham, el cual es padre de todos nosotros

Romanos 4:16 (LBLA)

No desecho la gracia de Dios; pues si la justicia dependiera de la ley, entonces por demás habría muerto Cristo.

Gálatas 2:21

La ley se introdujo para que abundara el pecado; pero cuando el pecado abundó, sobreabundó la gracia;

Romanos 5:20

El pecado ya no tendrá poder sobre ustedes, pues ya no están bajo la ley sino bajo la gracia.

Romanos 6:14

La ley fue crucial en el plan maestro de Dios, puesto que no sólo empezó la reconciliación de la humanidad con Dios y regresó el Reino de Dios a Sus hijos, por medio de Jesucristo, sino que también condenó a satanás. Esto sólo fue alcanzado a través de la gracia de Dios que es la misma persona de Jesucristo.

La ley fue dada por medio de Moisés, pero la gracia y la verdad vinieron por medio de Jesucristo.

Juan 1:17

Le recuerdo que todo lo que tratamos en este libro titulado *Acenso Continuo: Serie de Resurrección* es desde una perspectiva espiritual.

Por ejemplo, el versículo que describe la ley viniendo a través de Moisés, nos muestra que él fue el vaso que Dios usó para dárnosla. Él pasó dos veces 40 días en la presencia del Señor sin agua ni comida; ningún ser humano puede sobrevivir tanto tiempo sin agua. Este encuentro de Moisés con Dios cambió su semblante, tanto exterior como su ser interior. En mi opinión, Moisés fue la manifestación espiritual de las leyes de Dios, pero lo que es aun mayor es que Jesús es la imagen expresada por Dios en tanto que representa la gracia y la verdad.

La revelación de Él como la gracia de Dios es la pieza más poderosa en Su plan maestro para reconciliar a la humanidad y devolver lo que el primer Adán perdió.

Sabemos que la ley es espiritual. Pero yo soy un simple ser carnal, que ha sido vendido como esclavo al pecado.

Romanos 7:14

La mayoría de la gente ha escuchado la definición de gracia como un "favor inmerecido". **Obviamente eso describe la palabra, pero no la Persona de Cristo o Su obra.** El poder y la obra de la gracia no se da definiendo la palabra, sino entendiendo su poder.

El hecho espiritual es que Moisés era la Ley de Dios en la carne, así como Jesús es la Gracia y la Verdad. La realidad de ese versículo no se puede entender sin un encuentro con la persona de Cristo, quien es la Gracia. La Gracia es la puerta a la Verdad, que es la Persona de Cristo y quien es revelado a aquéllos que son nacidos de Su Espíritu.

El hombre usa con frecuencia la palabra gracia para describir un favor financiero para aquellos que necesitan mas tiempo para pagar sus deudas, préstamos o pólizas de seguros. **Dios, sin embargo, usa la gracia para destruir las obras del diablo y restaurar lo que perdió el primer Adán.** La gracia es quizá la expresión mas grandiosa del amor de Dios que jamás se haya dado.

La obra completa de Cristo puede tomar una eternidad entenderla. Es por eso que está cubierta con un velo en la religión y es mal entendida por aquéllos que interpretan las escrituras sin el Espíritu Santo.

El misterio y el poder de Cristo, para mí, está definido en el título de esta serie: *Ascenso Continuo.*

Un día, mientras estaba meditando en algunos pasajes, miré hacia arriba y vi lo que parecían ser líneas doradas y círculos moviéndose en varias direcciones al mismo tiempo.
Estas líneas se intersectaban entre sí, produciendo figuras que cambiaban y formaban patrones, algunos de los cuales me eran familiares y otros no. En cierto momento, parecía como si estas figuras salieran de la tercera dimensión; repentinamente, la figura que me era familiar se transformaba en algo totalmente diferente porque se movía de una dimensión a otra.

El Espíritu de me dijo en seguida que la Biblia es un libro espiritual con el poder de transformar a cualquiera a cualquier nivel o dimensión. Este es el poder multidimensional o en ascenso continuo de la resurrección de Cristo.

Ese encuentro echó por tierra mis ideas e imágenes preconcebidas de Jesús.

Reconozco la absoluta necesidad de recibir cada día una revelación fresca, para así ampliar mi conocimiento y sensibilidad de Su obra completa. Mientras más aprendo, es más evidente el hecho de que el *último Adán* es quien ha establecido el Reino de Dios.

Aquéllos que hacen el esfuerzo por romper con la tradición y oír Su voz, escucharán un sonido nuevo de victoria y autoridad que provocará su pasión y su ira contra el pecado. Este sonido lo investirá de poder para rasgar el velo de la religión y entrar en la dimensión espiritual en el que reina Dios.

Todo aquel que es nacido de Dios no practica el pecado, porque la simiente de Dios permanece en él, y no puede pecar, porque es nacido de Dios.

1 Juan 3:9

Pablo era experto en la gracia y su conexión con la salvación; de hecho, él fue ungido y asignado para predicar el mensaje de la gracia.

Pero eso a mí no me preocupa, pues no considero mi vida de mucho valor, con tal de que pueda terminar con gozo mi carrera y el ministerio que el Señor Jesús me en- comendó, de hablar del evangelio y de la gracia de Dios.

Hechos 20:24

Durante mis primeros días como Creyente, estudié las Epístolas de Pablo especialmente Romanos 10:9-10

*«Si confiesas con tu boca que Jesús es el Señor, y crees en tu corazón que Dios lo levantó de los muertos, serás **salvo**.»*

Porque con el corazón se cree para alcanzar la justicia,
*pero con la boca se confiesa para alcanzar la **salvación**.*

Romanos 10:9-10

Ciertamente la gracia de Dios los ha salvado por medio de
la fe. Ésta no nació de ustedes, sino que es un don de Dios;

Efesios 2:8

...nos dio vida junto con Cristo, aun cuando
estábamos muertos en nuestros pecados
(la gracia de Dios los ha salvado),

Efesios 2:5

...el cual quiere que todos los hombres sean
salvos y lleguen a conocer la verdad.

1 Timoteo 2:4

Pablo tenía la revelación más grande acera de la gracia, quizá
más que los otros discípulos. Él era Fariseo de Fariseos, lo
cual le daba una idea poderosa tanto de la mente de los
Judíos como del corazón de Dios.

La mayoría de los creyentes están familiarizados con la Ley
de Moisés, y muchos identifican a Jesús como el Hijo
unigénito de Dios que sacrificó Su vida en la cruz para que
nosotros podamos ir al Cielo.

Éste es el mensaje que se conoce como el evangelio de salvación entre los evangélicos, carismáticos y protestantes.

La palabra evangelio significa también buenas nuevas; no hay mayor nueva que Jesús, el Hijo de Dios sacrificando Su vida para que podamos vivir eternamente con Él.

Después de leer los primeros cuatro capítulos de este libro, usted estará al tanto de las consecuencias y efectos devastadores del pecado. No hay forma para describir la desesperación absoluta y el terror de vivir en tormento eternamente. Imagine la agonía de sentir sólo dolor, oler el azufre, oír gritos espeluznantes y estar en tinieblas por la eternidad.

Además, nuestra alma vivirá como una repetición continua y por toda la eternidad, ese momento en que rechazamos a Cristo y a Su Palabra. Será una sensación vacío, soledad y total perdición al darnos cuenta que hicimos una elección que no tiene más vuelta atrás. Ni aún Dios podrá hacer nada para sacarnos de esa condición.

Mucha gente cree las cosas equivocadas porque escuchan voces débiles. Dentro de poco tiempo, el daño a sus almas estará tan extendido que, a menos que suceda un milagro, es imposible para ellos creer otra cosa diferente a lo que sus sentidos disciernen. Esta es la conciencia de este mundo que nació del engaño original del pecado en el Jardín del Edén. Sin embargo, no sabemos lo que le pasa a la gente en sus últimos segundos antes de morir. Ésta es la gloria de la salvación y la razón por la cual Jesús pagó el precio más alto:

Él quiso asegurarle a Dios, nuestro Padre Celestial, que la humanidad tiene la oportunidad de elegir aún en los últimos nanosegundos de su vida.

> **Y todo aquel que invoque el**
> **nombre del Señor será salvo.**

Joel 2:32a

La salvación era para el pueblo Judío que guardara la ley hasta que Cristo completara Su obra, la cual incluía el restablecimiento del Reino de Dios en la Tierra. Jesús es la Gracia de Dios en forma física. El Evangelio de Salvación requiere de la fe y esta se hace posible a causa de la gracia de Dios. Jesús es la ley profética de Dios, y siendo él la misma Gracia fue como quitó toda transgresión.

El evangelio de salvación es el mensaje que Pablo predicó y está al alcance de todos los que clamen al Señor Jesús. Sin embargo, esto es sólo la introducción a Su obra completa, la cual es revelada por siempre en el Reino de Dios.

CAPÍTULO 6
LOS DIFERENTES EVANGELIOS

La Biblia es la *buena nueva* o el evangelio para toda la humanidad, pero sólo hasta que Jesús nació, la palabra evangelio empezó a usarse en las escrituras. El evangelio que escuché predicar en las iglesias fue el de la salvación, puesto que venía de las Epístolas de Pablo. Él tuvo un encuentro con la gracia de Dios en la persona de Cristo tan especial, que le fue asignado predicar el evangelio; además él era un erudito en la Ley Judía y, con la ayuda del Espíritu Santo, fue capaz de ver a Cristo como el Mesías y como la Gracia de Dios.

Los creyentes hoy en día se confunden muy a menudo porque todos los mensajes que escuchan denominados como el evangelio piensan que todos se refieren a lo mismo.

La verdad es que la mayoría de ellos son *el evangelio de la salvación* que fue predicado por el Apóstol Pablo, pero no todos son iguales.

Antes que el pecado entrara, sólo había un evangelio entre el hombre y Dios: La buena nueva era que la Tierra estaba unida con los Cielos y no había muerte, enfermedad o mal. El pecado destruyó la conexión entre el Creador y Su creación y llevó a Dios a sacrificar a Su único Hijo para salvar a todos aquellos que creyeran en Jesús. El concepto del evangelio se convirtió en el mensaje de hoy o *buena nueva*.

Hablando en general, esto es una parte de lo que Jesús hizo y no debe confundirse con el mensaje que Él mismo predicó. Su mensaje es y fue un mensaje espiritual de transformación del Reino que requiere un *nuevo nacimiento espiritual*. Jesús describe este proceso a Nicodemo en el libro de Juan capítulo 3. Trataremos este *nuevo nacimiento espiritual* con más detalle en el siguiente capítulo.

Nuestra fe es el poder espiritual que libera la gracia de Dios. Cada evangelio imparte la fe de la persona que lo presenta, y es la revelación de Cristo que tiene dicha persona. Dios envió Su evangelio a través de Jesucristo quien es la Gracia y la Verdad, y aquéllos que presentan *el evangelio* deberían entender esto, así como los que profesan creer en él.

Los Pactos

Antes de describir los diferentes evangelios, es importante entender que el compromiso de Dios con el hombre se estableció originalmente con un pacto. Este es la piedra fundamental de Cristo y Su Reino.

Dios nunca permitiría que Su creación fuera destruida o robada a causa de la debilidad del hombre.

Dios empezó Su plan de redención y Su pacto con Su primer hijo Adán matando animales y derramando sangre para vestir a Adán y a Eva.

Luego Dios el SEÑOR hizo túnicas de
pieles para vestir al hombre y a su mujer.

Génesis 3:21

El mismo método fue usado por satanás para gobernar sobre el hombre: él usó la sangre de Abel para sellar su pacto con la humanidad, y esto introdujo el pecado como un virus en nuestro ADN.

Dijo entonces Caín a su hermano Abel: «Vayamos al campo.» Y sucedió que, mientras estaban ellos en el campo, Caín se levantó contra su hermano Abel, y lo mató.

Y el Señor le dijo: «¿Qué es lo que has hecho? Desde la tierra, la voz de la sangre de tu hermano me pide que le haga justicia.

Génesis 4:8,10

A través del Antiguo Testamento Dios hizo pactos con Noé, Abraham, Isaac, Jacob, Moisés y David. Hubo otros, pero éstos son las figuras clave que Dios usó para completar Su plan majestuoso a través de Cristo.

Moisés construyó un Arca que contenía el pacto profético que Dios hizo con los Judíos. Este fue una figura de la salvación que vendría por medio del Mesías. Todos los pactos del Antiguo Testamento fueron establecidos entre Dios y el hombre para la salvación del ser humano y fueron evangelios o buenas nuevas para cada generación en su tiempo.

La Salvación y el Evangelio

No fue sino hasta que nació Jesús que la palabra evangelio se empezó a usar. Ésta es la razón por la cual es muy fácil ver la conexión entre la palabra evangelio y la salvación. Es importante entender este concepto, ya que existe mucha confusión entre lo que es la salvación y lo que significa nacer de nuevo.

El autor de la carta a los Hebreos habla acerca del evangelio predicado durante el tiempo de Moisés en el desierto.

> **Porque la buena nueva se nos ha anunciado a nosotros lo mismo que a ellos;** *pero de nada les sirvió a ellos el oír esta palabra porque, cuando la oyeron no la acompañaron con fe.*

Hebreos 4:2

Esta escritura se refiere a la gente errando en el desierto con Moisés.

El escritor, que muchos eruditos creen que es Pablo, está hablando acerca del **evangelio de salvación**. Esa generación, más que ninguna otra, fue testigo de los milagros más grandes de Dios, lo sobrenatural era algo común. Ellos se levantaban temprano cada día y tenían "pan fresco" que provenía del cielo, así que, ellos vivían en lo sobrenatural empezando con pan y agua y observando frente a sus ojos la gloria Shekina de Dios.

No necesitaban fe para observar con sus sentidos naturales lo que pasaba justo enfrente de su ojos. La ley, sin embargo, es espiritual y requiere fe para creer, por lo que ellos no calificaron para entrar en las promesas de Dios.

La ley era el pacto de Dios que salvó a Su pueblo escogido, Israel, el cual proveyó la línea de sangre y la palabra profética que manifestó al Mesías.

Desafortunadamente, la ley los cegó al glorioso evangelio en la Persona de Cristo Jesús.

...pues como ellos no creen, el dios de este siglo les ha cegado el entendimiento para que no resplandezca en ellos la luz del evangelio de la gloria de Cristo, el cual es la imagen de Dios.

2 Corintios 4:4

El Evangelio de Pablo

Pablo fue literalmente transformado de Saulo a Pablo después de su experiencia en el camino a Damasco y, a partir de ese encuentro, él entendió su propósito y su llamado.

Este es el tipo de encuentro que Jesús describe a Nicodemo como el nacer de nuevo, lo cual es muy importante para que todos nosotros cumplamos nuestro destino.

Pero sucedió que de pronto en el camino, ya cerca de Damasco, lo rodeó un poderoso haz de luz que venía del cielo y que lo hizo rodar por tierra, mientras oía una voz que le decía: «Saulo, Saulo, ¿por qué me persigues?»

Y él contestó: «¿Quién eres, Señor?» Y la voz le dijo: «Yo soy Jesús, a quien tú persigues. Dura cosa te es dar de coces contra el aguijón.

Él, temblando de temor, dijo: "Señor, ¿qué quieres que yo haga?" Y el Señor le dijo: Levántate y entra en la ciudad. Allí se te dirá lo que debes hacer.»

Hechos 9:3-6

La Biblia dice que Pablo quedó ciego y no comió ni bebió por tres días; él estuvo expuesto a una revelación extraordinaria durante ese tiempo. Podemos aprender algo acerca del ayuno de la experiencia de Pablo. Los primeros pasos para descubrir la dimensión espiritual es eliminar nuestros sentidos al tomar las decisiones que forman parte del proceso que está transformando nuestras vidas. Quizá es por esto que animo a la gente a ayunar. El ayuno ha sido la clave para abrir mis ojos, tanto a la sabiduría como a muchas otras cosas del Reino que están ocultas a la vista natural.

Las siguientes escrituras describen el mensaje específico que Pablo predicó:

Pero eso a mí no me preocupa, pues no considero mi vida de mucho valor, con tal de que pueda terminar con gozo mi carrera y el ministerio que el Señor Jesús me encomendó, de hablar del evangelio y de la gracia de Dios.

Hechos 20:24

*Yo, Pablo, siervo de Jesucristo, llamado a ser apóstol y apartado para **el evangelio de Dios**,*

Romanos 1:1

*...en el día en que Dios juzgará por medio de Jesucristo los secretos de los hombres, conforme a **mi evangelio**.*

Romanos 2:16

*Y al que puede fortalecerlos **conforme a mi evangelio** y a la predicación de Jesucristo, según la revelación del misterio que se ha mantenido oculto desde tiempos eternos.*

Romanos 16:25

Acuérdate de Jesucristo, del linaje de David, que resucitó de los muertos conforme a mi evangelio...

2 Timoteo 2:8

Porque no me avergüenzo del evangelio, pues es el poder de Dios para la salvación de todo el que cree; del judío primeramente y también del Griego.

Romanos 1:16 (LBLA)

...y esto mediante poderosas señales y prodigios, en el poder del Espíritu de Dios, de tal manera que desde Jerusalén y por los alrededores hasta Ilírico, todo lo he llenado del evangelio de Cristo.

Romanos 15:19

*...y con los pies calzados con la disposición
de predicar **el evangelio de la paz**.*

Efesios 6:15

En estas escrituras encontramos que a Pablo se le asignó predicar un evangelio que producía salvación a aquél que creyera. Ese evangelio NO era el mismo que **el evangelio del Reino** predicado por Cristo. Todos los evangelios requieren fe para activar la revelación particular de Cristo y, además, todos contienen el poder de la salvación.

*...y luego de mucho discutir, Pedro se levantó y les dijo:
«Queridos hermanos, ustedes saben que hace algún
tiempo Dios determinó que yo mismo proclamara a los no
Judíos el mensaje del evangelio, para que creyeran.»*

Hechos 15:7

Cada uno de los discípulos predicó un evangelio específico de acuerdo a su revelación de Jesús; pero Él fue el único que podía predicar del Reino de Dios, porque Él es el Reino. Sólo se puede predicar el mensaje que se lleva adentro o que está vivo en cada quien.

El Evangelio del Reino

Daniel y Mateo hacen referencia del Reino de Dios más que ningún otro libro de la Biblia. Daniel profetizó el regreso de lo que el primer Adán perdió y Su reinado eterno en la Tierra como lo es en el Cielo.

Entonces se dará al pueblo de los santos del Altísimo el reino y el dominio y la majestad de los reinos bajo el cielo. Y su reino será un reino eterno, y todos los poderes le servirán y lo obedecerán.

Daniel 7:27

Los Judíos entendían la historia de los reinos, pero ellos estaban esperando una manifestación física del poder de Dios culminado con el Mesías sentado en el trono de David en Jerusalén.

*Cuando los fariseos le preguntaron cuándo había de venir el reino de Dios, él les respondió: «**El reino de Dios no vendrá con observancia**.....»*

Lucas 17:20 Traducción del original griego

Esto fue la piedra de tropiezo más grande para los líderes Judíos porque querían una señal para poder creer. Las señales que sus padres vieron en Egipto y en el desierto, los entrenaron para creer lo que podían ver. Esta mentalidad se ha pasado a través de todas las religiones. La mayoría de la gente sólo quiere creer lo que sus sentidos pueden percibir.

Juan el Bautista fue la persona que Dios usó para preparar el camino y anunciar la llegada del Reino.

*En aquellos días Juan el Bautista se presentó predicando
en el desierto de Judea, y decía: «Arrepiéntanse,
porque **el reino de los cielos** se ha acercado.»*

Mateo 3:1-2

*Desde entonces Jesús comenzó a predicar, y decía:
«Arrepiéntanse, porque **el reino de los cielos** se
ha acercado.»*

Mateo 4:17

*Jesús recorría toda Galilea. Enseñaba en las sinagogas
de ellos, predicaba **el evangelio del reino**, y sanaba toda
enfermedad y toda dolencia en el pueblo.*

Mateo 4:23

*Por lo tanto, busquen primeramente **el reino de Dios**
y su justicia, y todas estas cosas les serán añadidas.*

Mateo 6:33

*Jesús recorría todas las ciudades y las aldeas, y enseñaba
en las sinagogas de ellos, **predicaba el evangelio del reino**
y sanaba toda enfermedad y toda dolencia del pueblo.*

Mateo 9:35

Note que las señales y los prodigios siguieron al mensaje de Jesús; el mensaje que Pablo y otros discípulos predicaron también los produjeron, pero fue a causa de su fe en la Persona de Cristo. Este es el punto más importante para enfatizar.

El mensaje del Reino que Jesús predicó, lo hizo como el Postrer Adán. Este evangelio es diferente de todos los demás, porque Jesús mostró al Cristo como el Reino de Dios y lo hizo válido a través de Su resurrección.

La ley fue dada por medio de Moisés, pero la gracia y la verdad vinieron por medio de Jesucristo.

Juan 1:17

El Reino de Dios y Su justicia es Cristo, y debe ser el deseo más importante para todo aquel que quiera conocer la Verdad. Jesús es el Reino y aquéllos que entren Él, a través del nuevo nacimiento, serán un evangelio viviente de Su Reino.

Aquéllos nacidos en Cristo están equipados para predicar el mensaje del Reino; éste es el evangelio glorioso que revela a Cristo y nos presenta al Espíritu Santo como nuestra cobertura . No es una organización o una denominación, sino la presencia manifestada y el dominio del Cristo vivo en la Tierra y en el Cielo de la misma manera que lo era con el primer Adán.

El evangelio de la salvación no es el mismo que Jesús predicó. La verdad más profunda que descubrí en las escrituras es que, a cualquier persona que recibe una revelación de Cristo, tendrá de acuerdo a ésta el evangelio que va a predicar.

Esto transformará al que habla y al que escucha en la medida que permitan que la revelación de Cristo en ellos esté en ascenso continuo.

Pero no se confunda, sólo hay UN EVANGELIO DEL REINO y es Cristo. Su Reino es el poder transformador e invisible sobre todas las potestades y principados visibles e invisibles. Aquéllos que ministran ese Reino deben estar inmersos en Él a través de un nuevo nacimiento.

CAPÍTULO 7
EL ÚLTIMO ADÁN

El *último Adán* restableció en la Tierra lo que se había perdido. El plan majestuoso de Dios abolió la esclavitud y la tiranía de satanás sobre la humanidad. Ser salvos no es suficiente para entender lo que el *último Adán* cumplió; ese entendimiento requiere haber nacido de nuevo por Su Agua y Su Espíritu.

El poder para ver el Reino invisible de Dios no se alcanza con una manera de pensar no convertida a Cristo. La palabra arrepentimiento no es sólo la elección de dejar ciertos comportamientos, sino es la autoridad que usted recibe como resultado de elegir cambiar su manera de pensar. Nadie puede entrar en el Reino de Dios sin nacer de nuevo en el Espíritu, lo cual lo despoja de su identidad en este mundo.

Así también está escrito: El primer hombre, Adán, fue hecho alma viviente. El último Adán, espíritu que da vida.

1 Corintios 15:45 (LBLA)

Llegamos a lo que puede ser la parte más poderosa, y sin embargo menos entendida del gran diseño de Dios. No puede haber ningún error acerca del propósito de Jesús y su transformación en el Cristo al resucitar. El poder de gobernar y reinar con Cristo por la eternidad está determinado por nuestro deseo de entrar en Su Reino ahora.

Jesús, el Hijo del hombre, tenía una tarea específica para completar el plan prefecto que Él y Su Padre diseñaron desde antes de la fundación del mundo. Esto incluía a la gente que ellos usarían para cumplir el trabajo.

...aun cuando sus obras estaban acabadas desde la creación del mundo.

Hebreos 4:3b

Él respondió: «Yo no fui enviado sino a las
ovejas perdidas de la casa de Israel.»

Mateo 15:24

Jesús fue enviado específicamente a los Judíos. Esto no privó a otros de recibir sanidad o ser liberados, pero su asignación fue a los Judíos; ellos fueron el pueblo escogido por el Señor, porque Él es Dios y no porque fueran especiales.

No es por tu justicia ni por la rectitud de tu corazón que
vas a poseer su tierra, sino que por la maldad de estas
naciones el Señor tu Dios las expulsa de delante de ti,
para confirmar el pacto que el Señor juró a tus padres
Abraham, Isaac y Jacob.

Comprende, pues, que no es por tu justicia que el Señor
tu Dios te da esta buena tierra para poseerla, pues eres
un pueblo de dura cerviz.

Deuteronomio 9:5-6

La Ley de Moisés sirvió para este propósito, pero Dios quería para Sí a toda la humanidad no sólo a Israel. Recuerde el hombre estaba corrompido por la línea de sangre del primer Adán. No obstante, el *último Adán* cumpliría Su parte como el Cordero de Dios sin mancha llevando en Él la sangre de Su Padre.

Éste es Jesucristo, que vino mediante agua y sangre;
no mediante agua solamente, sino mediante agua y sangre.
Y el Espíritu es el que da testimonio, porque el
Espíritu es la verdad.

1 Juan 5:6

La importancia de este versículo se vuelve clara cuando usted lee acerca del nuevo nacimiento descrito a Nicodemo.

Jesús no pudo haber destruido la obra de satanás y quitarle la autoridad, sin la sangre del Padre.

El que practica el pecado es del diablo, porque el diablo
peca desde el principio. Para esto se ha manifestado el
Hijo de Dios: para deshacer las obras del diablo.

1 Juan 3:8

Cada profeta del Antiguo Testamento habló del Mesías y de la restauración del Reino, pero no entendieron que esto incluía a todo el mundo y no solamente a Israel. Este es el problema hoy en día especialmente con la mayoría de los mensajes que usan la palabra "evangelio" o "reino".

Desafortunadamente muchas personas tienen un entendimiento limitado del mundo espiritual y de la diferencia entre el mensaje que Jesús dio y el evangelio de la salvación, que es tan sólo una fracción de Su obra.

La Transformación del Último Adán

Entender y adentrarse en la obra completa del *último Adán* no sucede de la noche a la mañana o con un llamado al altar, sino que es un proceso que el Espíritu Santo comienza y termina.

La resistencia más fuerte a creer al Espíritu Santo siempre proviene de nuestras mentes y conciencias. La mente pelea para retomar el control y la autoridad desafiando todo aquello que no puede verificar a través de sus cinco sentidos. Transformar nuestra manera de pensar no es fácil, pero el mensaje del Reino que Jesús predicó provee la única solución para ello y es: nacer de nuevo.

Entre los fariseos había un hombre que, entre los Judíos, era muy importante. Se llamaba Nicodemo.
Éste vino de noche a ver a Jesús, y le dijo:
«Rabí, sabemos que has venido de parte de Dios como maestro, porque nadie podría hacer estas señales que tú haces si Dios no estuviera con él.»

Jesús le respondió: «De cierto, de cierto te digo, que el **que no nace de nuevo, no puede ver el reino de Dios.***»*

Nicodemo le dijo: «¿Y cómo puede un hombre nacer, siendo ya viejo? ¿Acaso puede entrar en el vientre de su madre, y volver a nacer?»

Jesús le respondió: «De cierto, de cierto te digo, que **el que no nace de agua y del Espíritu, no puede entrar en el reino de Dios.***»*

*Lo que nace de la carne, carne es; y lo que nace
del Espíritu, espíritu es.*

Juan 3:1-6

Ante todo no confunda el Evangelio de Salvación con el
Evangelio del Reino, NO SON LO MISMO. Una persona
puede ser salva pero nunca entrar en el Reino de Dios,
mientras vive aquí en la Tierra.

En ninguna parte en la conversación con Nicodemo, Jesús
habla de la salvación. Más bien describe la transformación
que ocurre cuando uno nace de nuevo.

Todo nacimiento necesita un vientre. Jesús tuvo que nacer
de una mujer en lo natural y cumplir Su propósito y tarea en
la tierra. Su muerte física y Su resurrección produjeron el
vientre espiritual para que nosotros naciéramos en Su Reino.
Esto no tiene sentido en lo natural, y sólo añade confusión a
aquéllos que tratan de entender las escrituras.

Hay una escritura que le puede ayudar a ver la realidad y la
profundidad de lo que significa nacer de nuevo estando aún
en sus cuerpos físicos. Estudie la descripción de Jesús en el
Monte de la Transfiguración. En mi opinión, Jesús estaba
visiblemente mostrando la imagen de lo que fue el primer
Adán y de aquéllos que nacerían de nuevo.

Jesús les dijo: «De cierto les digo que algunos de los que están aquí no morirán hasta que vean llegar el reino de Dios con poder.»

Seis días después, Jesús se llevó aparte a Pedro, Jacobo y Juan. Los llevó a un monte alto, y allí se transfiguró delante de ellos.

Sus vestidos se volvieron resplandecientes y muy blancos, como la nieve. ¡Nadie en este mundo que los lavara podría dejarlos tan blancos!

Y se les aparecieron Elías y Moisés, y hablaban con Jesús.

Marcos 9:1-4

La trasfiguración de Jesús reveló que Él era el Reino de Dios y la puerta al mundo espiritual de la vida eterna; además, Su muerte y resurrección estaban a punto de destruir para siempre el poder que tenía la muerte sobre la humanidad a causa del pecado. El *último Adán* estaba devolviendo todo lo que se perdió con el primer Adán.

La experiencia descrita por Jesús como el nuevo nacimiento rasga el velo entre el mundo espiritual y el material.

El nuevo nacimiento revela el majestuoso Reino de Dios fuera de las dimensiones del tiempo y del espacio y como fue establecido desde antes de la fundación del mundo.

La conciencia de pecado en esta dimensión ha cegado nuestra capacidad de entender el poder en ascenso continuo disponible a aquéllos que hacen lo que sea necesario para entrar en Su Reino. Cristo pagó el precio máximo no sólo por nuestra salvación, sino para nuestra permanencia eterna en Él, ahora. Es decir, esto no es un evento en el futuro sino que empezó en el momento en el que usted se arrepintió y reconoció que Cristo cumplió la obra que le fue asignada: Él restableció lo que el primer Adán perdió, llamado el Reino de Dios.

Hay innumerables historias de hombres y mujeres de Dios que han tenido experiencias con eventos milagrosos, y cada historia describe cosas que van más allá de nuestros cinco sentidos. Algunos cuentan cómo han sido transportados a distintos lugares en un instante; o cómo han atravesado paredes de prisiones de una manera invisible; o que han sido rescatados por ángeles; o hablado con apóstoles de la antigüedad, etcétera.

Recuerdo la historia de John G. Lake, que describe haber sido transportado a Sudáfrica para pelear en el espíritu con una legión demoníaca que atacaba a la gente con epilepsia y enfermedades mentales. Él habla acerca de cómo el Señor lo llevó a una montaña alta para ordenar a los ángeles que pelearan contra esos espíritus malignos. Él comenta que en ese tiempo la gente en Sudáfrica no entendía la guerra espiritual, por lo que el Señor transportó su espíritu miles de kilómetros para ordenar a los ejércitos celestiales que pelearan esa batalla.

Dios no hace acepción de personas, lo que hace por uno, lo puede hacer por todos. Necesitamos tener una revelación de que el Cielo es ahora y que lo único que nos puede privar de vivir en lo sobrenatural es nuestra mente no convertida a Cristo. La transformación de nuestra manera de pensar del primer Adán al último empieza cuando nacemos de Su Agua y de Su Espíritu.

Características del Último Adán

A. Jesús es el Reino

Decía: «El tiempo se ha cumplido, y el reino de Dios se ha acercado. ¡Arrepiéntanse, y crean en el evangelio!»

Marcos 1:15

Previamente explicamos la diferencia entre el evangelio de salvación y el mensaje del Reino que Jesús predicó. Quiero dar énfasis a esto utilizando el versículo en el evangelio de Marcos capítulo 1, donde Jesús es el evangelio del Reino. Cuando Jesús dice: "arrepiéntanse y crean en el evangelio", está hablando de cambiar su manera de pensar y de percibir las cosas con el objetivo de entrar en Él.

Creer en un evangelio no cambia su manera de pensar, sólo le ofrece otro sistema a seguir; esto es precisamente lo que le pasa a la mayoría de la gente hoy en día, que dice creer en Jesús. Muy poco sucede o cambia en sus vidas, porque su manera de pensar permanece igual.

El hecho es que, probablemente, sólo tuvieron una experiencia emocional que simplemente pasará y también su compromiso con Cristo.

Esto no significa que no son salvos o que el Espíritu Santo los haya abandonado, por el contrario, Dios usa cualquier medio posible para sumergirlos en una experiencia cada vez más profunda con Su Espíritu Santo.

El evangelio del Reino es diferente a los demás mensajes porque produce no sólo señales y prodigios, sino también transforma su manera de pensar. Esto pide una restructuración violenta de nuestras capacidades mentales y esto es lo que significa la palabra arrepentimiento.

Desde los días de Juan el Bautista hasta ahora,
el reino de los cielos sufre violencia,
y los violentos lo arrebatan.

Mateo 11:12

La oposición al mensaje real del Reino procede de una mente natural y es de origen espiritual. Los que escuchan y creen en el Reino de Dios aquí y ahora son transformados en su espíritu, alma y cuerpo.

B. Jesús, la Substancia de Todas las Cosas.

Cualquiera que trate de entender las palabras de Cristo, debe reconocer que son espirituales y esto requiere pedir al Espíritu Santo guía y ayuda.

Hay muchas escrituras que ilustran la imagen invisible y visible de Cristo como la Palabra.

En el principio (antes de todos los tiempos) ya existía la Palabra (Cristo), y la Palabra estaba con Dios, y la Palabra era Dios mismo.

Juan 1:1 (AMP)

Antes de que Jesús se volviera carne, Él era la substancia de Dios en luz y en sonido. El relato de la creación en el libro de Génesis describe a Dios hablando la substancia de todas las cosas. Cuando Él habló Su Palabra soltó la luz de Cristo y la Vida al mundo material. Para un estudio más profundo de este tema, le recomiendo que lea mi libro titulado: Sumergidos *en Él*. En este libro desarrollo con gran detalle el método que Dios usa para crear todas las cosas.

Todas las cosas fueron hechas y surgieron por medio de Él, y sin Él ninguna cosa que haya sido hecha, fue hecha. En Él estaba la Vida, y la Vida era la Luz de los hombres. Y la Luz brilla en las tinieblas, pues las tinieblas nunca han tenido poder sobre ella (ni echar fuera, ni absorber, ni apropiarse de ella, y no la puede captar).

Juan 1:3-5 (AMP)

La vida de la cual hablan las escrituras no se experimenta a través de nuestra luz natural, sino bajo la luz espiritual que formó todas las cosas.

La Luz, que es Dios mismo, ilumina el Reino de Dios y es por eso que Jesús le dice a Nicodemo que aquéllos que han nacido de nuevo pueden "ver" el Reino.

*Jesús le respondió: «De cierto, de cierto te digo, que el que no nace de nuevo, **no puede ver el reino de Dios**.»*

Juan 3:3

Los ojos y los oídos de nuestro espíritu son los primeros sentidos espirituales que abren nuestro entendimiento y nos conectan de nuevo con nuestro Padre Celestial. Jesús habló en parábolas con el objeto de separar a aquéllos que tenían ojos y oídos espirituales, de los que no.

*Habiéndole preguntado los fariseos cuándo vendría el reino de Dios, Jesús les respondió diciendo: **El reino de Dios no viene con señales visibles ni se puede observar en forma visible.***

Lucas 17:20 (AMP)

El Reino de Dios es invisible al ojo natural y, por consiguiente, requiere un renacer espiritual para discernir su poder y su autoridad; además, se necesita valor para resistir el miedo que inunda nuestras mentes aun no convertidas a Cristo. Esta es la primera señal de que se está gestando una batalla que está derrumbando sus conceptos de seguridad. Esto de hecho, es algo bueno ya que lo está llevando a una dependencia mayor del Espíritu Santo.

Como nuevos creyentes, todos nos formamos conceptos acerca de Jesucristo a partir de tradiciones humanas, de doctrinas y de interpretaciones erróneas de las escrituras. Desafortunadamente, a través del tiempo nos hemos formado creencias falsas y estructuras que estorban la obra del Espíritu Santo. Finalmente, muchos problemas surgen debido a que nuestros conceptos e ideas no tienen substancia. A menos que tengamos una comunión diaria con Él y con las revelaciones del Cristo vivo, nuestro amor y afecto por Él decaerán.

El Señor me dijo algo que considero importante compartir en estas líneas: "La mayoría de la gente ha fracasado en su matrimonio y en sus relaciones porque se han enamorado de la imagen de la persona en lugar de la persona; y como esta imagen cambia conforme pasa el tiempo, así también la afección y los sentimientos que ellos creían que tenían el uno para el otro dejan de ser los mismos."

Los seres humanos han sido entrenados desde que nacen a depender de sus sentidos para sobrevivir. La complejidad de la mente aprende a almacenar imágenes y figuras en componentes muy pequeños como en una computadora; estas imágenes digitales son el historial de la información que rara vez se actualiza. Por consiguiente, la mayoría de la gente va por la vida interactuando con otras personas o reaccionando a las situaciones, con información del pasado.

Si la imagen de la persona o de la situación no corresponde a la manera en que fue registrada en la mente, entonces ésta reaccionará de una manera negativa.

Esto generalmente da como resultado conflictos y, al paso del tiempo, la gente se hará nuevas imágenes o borrará la información anterior, justo como sucede en una computadora.

Lo mismo puede ocurrir con nuestra primera relación con Jesús. Como lo mencioné anteriormente, la mayoría de nuestros apegos con las personas se forman a partir de prejuicios o expectativas que tenemos acerca de ellas, y no de un continuo aprender a conocerlas. Esto pasa no sólo en los matrimonios sino también con aquéllos que se han "enamorado" de Jesús. El encuentro es real, pero no dura mucho porque no han sido enseñados por Su Espíritu.

El resultado es que, rápidamente, se forman imágenes erróneas a partir de generaciones de doctrinas y enseñanzas equivocadas. Esto conlleva, muy a menudo, a decepciones amargas y a que las personas vayan de iglesia en iglesia.
Esto sucede una y otra vez con aquéllos que han creído en Jesús para ser salvos, pero nunca fueron enseñados a confiar en el Espíritu Santo.

A menos que conozcamos íntimamente a la Persona de Cristo como el Reino de Dios, no podremos rendirnos a Su Señorío y aceptar Su autoridad total sobre nuestras vidas. Esto sólo podrá lograrse descubriendo a Cristo en toda Su Gloria, lo cual incluye nacer en Él.

C. Jesús, el Agua y el Espíritu

Jesús siempre está hablando acerca de la realidad espiritual porque es la que nuestro espíritu reconoce en el momento en que nacemos de nuevo. Si creemos que la realidad física es la fuente de las decisiones y elecciones que hacemos, entonces estaremos siguiendo los pasos del primer Adán. Es por esto que es crucial nacer del Agua y del Espíritu de Dios.

El Agua y el Espíritu son los componentes esenciales de la experiencia del nuevo nacimiento. Jesús se describe a Sí mismo como el agua viva cuando habló con la Samaritana en el pozo. Ella quedó tan perpleja como Nicodemo, porque muy pocas personas tienen noción de su verdadera naturaleza espiritual como la fuente de la vida. El agua natural mantiene la vida física pero, espiritualmente necesitamos el Agua que satisface toda sed: Cristo Jesús.

Porque tres son los que dan testimonio en el cielo: el Padre, el Verbo y el Espíritu Santo; y estos tres son uno. Y tres son los que dan testimonio en la tierra: el Espíritu, el agua y la sangre; y estos tres concuerdan.

1 Juan 5:7-8

Juan entendió más acerca de la realidad espiritual que ningún otro escritor de las Biblia. Él pasaba horas bebiendo esa Agua viva que fluía de la vida y las palabras de Jesús. Esta escritura en 1 Juan 5 describe perfectamente la obra consumada del *último Adán*.

Jesús reconecta al Cielo con la Tierra y además redime a la humanidad con Su sangre y provee una bendición llamada el nuevo nacimiento para aquéllos que quieren entrar en Él y en Su Reino. Jesús es el Agua y el Espíritu y quien restituye nuestra posición en el Jardín del Edén, que ahora se llama el Reino de Dios.

D. Jesús como la Verdad

*La ley fue dada por medio de Moisés, pero la gracia y **la verdad vinieron por medio de Jesucristo.***

Juan 1:17

Jesús es la Gracia de Dios, pero si nos detenemos ahí, quedaremos sólo al pie de la cruz esperando pasivamente ser transformados. Aquí es donde el Evangelio del Reino comienza la "demolición" en nuestras mentes.

No hay un Evangelio del Reino sin un nuevo nacimiento y no hay una transformación sin el Espíritu Santo quien es el Espíritu de Verdad.

*...es decir, **el Espíritu de verdad,** al cual el mundo no puede recibir porque no lo ve, ni lo conoce; pero ustedes lo conocen, porque permanece con ustedes, y estará en ustedes.*

Juan 14:17

Pero cuando venga el Consolador, **el Espíritu de verdad**,
*el cual procede del Padre y a quien yo les enviaré de parte
del Padre, él dará testimonio acerca de mí.*

Juan 15:26

Pero cuando venga **el Espíritu de verdad**, *él los guiará a
toda la verdad; porque no hablará por su propia cuenta,
sino que hablará todo lo que oiga, y les hará saber las
cosas que habrán de venir.*

Juan 16:13

La Verdad es una fuerza espiritual que opera a través de la
fe y expone las tinieblas porque proviene del corazón de
Dios. El Espíritu de Verdad es el Espíritu Santo quien es
nuestro abogado, ayudador y la voz profética de Dios. No
hay ninguna razón o excusa para no entender la obra
consumada de Cristo si es que buscan la Verdad, con el
mismo énfasis con el que procuran las cosas de este mundo.

Quizá usted ha escuchado a algunos predicadores decir: "Si
usted conoce la verdad, la verdad le hará libre" e
inmediatamente añaden: "Jesús es la verdad". Jesús
ciertamente es la Verdad, pero también es la Palabra, y lo
que Él dice en los siguientes versículos casi no es citado por
los predicadores:

Entonces Jesús dijo a los Judíos que habían creído en él:
«Si ustedes permanecen en Mi palabra, *serán*
verdaderamente mis discípulos; **y conocerán la**
verdad, y la verdad los hará libres.»

Juan 8:31-32

Obviamente, Jesús está hablando acerca de nosotros dejando este mundo y entrando en Él como la Palabra. Esto se entiende con más claridad en el siguiente versículo:
Si alguno viene a Mí, y no aborrece a su padre y madre, a
su mujer e hijos, a sus hermanos y hermanas, y aun
hasta su propia vida, no puede ser Mi discípulo.

Lucas 14:26 (LBLA)

Estas son Sus palabras y demuestran que si usted y yo queremos CONOCER la Verdad, debemos nacer en Él, quien es la Palabra y ésta es la única manera.

A veces me sorprende cuán fácilmente la gente se distrae, y pierde su interés con las cosas que realmente importan en cuanto la eternidad. Es por esta razón que confío en que el Espíritu de Verdad está levantando una nueva generación de Creyentes que no Lo negarán, la cual hará todo lo que sea necesario para entender las revelaciones cada vez más profundas de Cristo.

Estoy tan agradecido de haber experimentado Su Gracia pero no quiero quedarme ahí, ahora quiero conocer toda la Verdad.

Creo que la Verdad empieza con la gloria escondida en Cristo y sólo se vive cuando se entra en Su Agua y en Su Espíritu.

La puerta de estos misterios empieza con la Persona de la Gracia, sin embargo, la mayoría de la gente lo entiende como un encuentro con Jesús de Nazaret. Este es el Jesús que caminó en esta Tierra pero quien se transformó en el Cristo resucitado, en el Rey de Reyes y en el *último Adán*.

De manera que nosotros de ahora en adelante ya
no conocemos a nadie según la carne; aunque hemos
conocido a Cristo según la carne, sin embargo,
ahora ya no le conocemos así.

2 Corintios 5:16 (LBLA)

Aquéllos que desean la verdad, deben nacer de nuevo para poder ver a Jesús como realmente es en su obra consumada. La humanidad con la manera de pensar de Adán, es decir con una mente caída, nunca llegará a conocer a Cristo porque las decisiones que toma nacen del miedo a la muerte.

Aquéllos que entran en Cristo son liberados de la manera de pensar del primer Adán y pierden su identidad con el temor a la muerte. El agua de Cristo ahoga sus miedos y Su Espíritu los vivifica; es por esta razón que el *último Adán* es llamado Espíritu dador de vida.

La conversación entre Jesús y Pilato ilustra perfectamente que el sonido de la Verdad no es escuchado ni entendido por aquéllos que tienen su confianza en este mundo.

Le dijo entonces Pilato: «¿Así que tú eres rey?»
*Respondió Jesús: «Tú dices que yo soy rey. **Yo para esto***
he nacido, y para esto he venido al mundo: para dar
testimonio de la verdad. Todo aquel que es de la verdad,
oye mi voz.»

Le dijo Pilato: «¿Y qué es la verdad?»

Juan 18:37-38a

Sin un nuevo nacimiento es imposible ser guiados por el Espíritu. No estoy diciendo que la gente no vaya a tener experiencias con el Espíritu Santo porque d segura que las tendrán, pero ser guiados es muy diferente. Ahora sé cuando mis decisiones no son "guiadas" por Él, pero cuando no había nacido de nuevo no podía determinar la diferencia.

Nosotros somos de Dios. El que conoce a Dios, nos oye; el que no es de Dios, no nos oye. Por esto sabemos cuál es el espíritu de la verdad, y cuál es el espíritu del error.

1 Juan 4:6

El espíritu de error es visible a través de nuestra intimidad con la voz del Espíritu Santo. Una vez que hemos nacido del Agua y del Espíritu y entrado en Su Reino, nuestros ojos y oídos espirituales son abiertos.

El *último Adán* restauró la visión perdida por el primer Adán en el Jardín del Edén.

*Jesús le respondió: «De cierto, de cierto te digo, que **el que no nace de nuevo, no puede ver el reino de Dios.**»*

Juan 3:3

Y, ¿qué hay acerca de usted? ¿han sido abiertos sus ojos espirituales? ¿Entiende que, si usted no está viendo el Reino espiritual de Dios significa que aún no a desenvuelto el resto de los regalos que Cristo le ha dado? Él está esperando a que usted tenga una experiencia con Él como la Verdad en formas que no ha conocido jamás.

Muchos Creyentes hoy en día tienen una manera de pensar muy pobre; sin embargo, no tienen que vivir así pues nuestro Padre Celestial es ¡multimillonario! Dios creó todo y es dueño de todo. Pero en lugar de vivir como hijos de un Rey, viven como huérfanos en un barrio perdido comiendo sobras, sin darse cuenta que tienen miles de millones de dólares como herencia, en lo físico y en lo espiritual.

La Biblia dice que la gente de Dios perece por falta de conocimiento y éste es ciertamente el caso en este ejemplo de Creyentes con una mentalidad de pobreza.
Estamos entrando en una era nueva que requiere una discusión seria de las escrituras y de la obra consumada de Cristo. No nos podemos conformar con la revelación o la interpretación de otra persona acerca de las escrituras.

Debemos desafiar lo que creemos y la razón por la cuál lo hacemos; si no, entonces estaremos viviendo por la revelación de otra persona. Hemos sido diseñados por Dios para escucharlo a Él directamente. ¿Por qué dejaría usted algo tan importante como lo es su destino eterno, en manos de alguien más?

Este libro es uno de varios que estaré escribiendo en esta serie para ayudarle a encontrar la Verdad por usted mismo. No le daré un manual para saber qué hacer y qué no; en cambio, lo voy a guiar por medio del Espíritu Santo a través de escrituras que le muestren otra dimensión de Cristo.

Debemos entender a Cristo en Su plenitud, no sólo en Su Gracia. Este viaje empieza dando un paso a la vez, en la medida que desmantelemos la familiaridad que hemos creado de un evangelio y de una imagen que se han construido de acuerdo a este mundo.

Hemos crecido con cuentos de hadas y doctrinas que tienen muy poco que ver con la realidad del Cristo vivo. Nuestra resistencia al mundo espiritual es el resultado del temor y no de la fe. La Biblia dice (parafraseando): todo lo que se hace sin fe, es pecado.

El pecado es el virus espiritual que se alimenta de la creencia falsa de que la muerte todavía gobierna sobre usted y sobre este mundo. Cristo destruyó a la muerte, pero si usted no lo cree, entonces vivirá como esclavo de una verdad imaginaria y en la mentira de que satanás todavía tiene el control de este mundo.

Ahora se le ha dado la llave para abrir las revelaciones que Cristo tiene para usted. Este viaje empieza cuando usted se sumerge en Su Agua y en Su Espíritu. El Espíritu Santo es su Consejero, su Abogado y su Guía a toda Verdad. ¡La vida que usted ha estado esperando vivir, empezó desde antes de la fundación del mundo y todavía no es demasiado tarde para empezar a vivirla!

CONCLUSIÓN

Mi deseo más profundo es que este libro, así como la serie completa, lo desafíen a evaluar verdaderamente lo que usted cree y la razón por la cual lo hace. Este libro producirá un deseo interno de cuestionar su experiencia personal con Cristo, como Jesús y como el *último Adán*.

Los caminos de Dios son tan misteriosos y maravillosos que aún los ángeles no tienen idea de lo que Él hizo. El pecado de Adán no fue una sorpresa, pero era algo necesario que Dios usó para atrapar a satanás y entrenar a las futuras generaciones a ser más que vencedoras.

Desde Abraham hasta Jesús, la majestuosa historia de amor revela tanta profundidad y misterio, que los hechos más dramáticos de la victoria de Cristo han pasado desapercibidos. El *último Adán* describe el Reino de Dios en la Tierra ahora como lo fue al principio, cuando se llamaba el Jardín del Edén. El dominio y el poder del primer Adán han sido devueltos y están disponibles para aquéllos que lo "arrebaten con violencia". El Reino invisible de Dios es visible para los que nacen en Cristo.

El pecado se describe como todo lo que no se hace con fe. Pero, espere un momento, ¿acaso no es la fe la única manera de recibir lo que la plenitud de Cristo ha hecho? Este es el comienzo del viaje llamado salvación y es Su regalo en la Persona de la Gracia: Jesucristo. El siguiente paso llamado el nuevo nacimiento es el que requiere nuestro mayor esfuerzo, el cual Él mide de acuerdo a nuestra pasión y deseo.

El "futuro" que habría de venir, de hecho comenzó cuando Cristo resucitó. Esta es la verdad para mí, y es el Evangelio que el Espíritu Santo me instruyó para compartir con usted. Lo que haga depende de usted, siempre lo ha sido.

¡Nos vemos en el salón del trono!

www.ingramcontent.com/pod-product-compliance
Lightning Source LLC
LaVergne TN
LVHW021520080426
835509LV00018B/2575